「ご縁の国」の絆で、〝今〟そして〝未来〟を変える挑戦

下の句編

島根の注目30社

遠藤 彰
株式会社BEANS 代表取締役CEO

ダイヤモンド社

はじめに

この本の出版の話をいただき「島根にはあって、都会にはないもの」を考えたときに、出てきた答えが「文化」でした。この地には、2000年を超える悠久の時間が流れ、そこで培われてきた「文化」が脈々と受け継がれているのです。

平成12年、出雲大社の境内から3本一組となった巨大な柱が発見されました。出雲大社に伝わる高さ48メートルにも及ぶ古代の神殿が実在したことをものがたる遺構です。記紀神話（古事記、日本書紀）の3分の1には、出雲神話が書かれています。今まで、出雲神話は空想上の「つくり話」とされてきましたが、荒神谷《こうじんだに》遺跡から見つかったおびただしい数の銅剣や加茂岩倉遺跡から見つかった大量の銅矛《どうほこ》や銅鐸《どうたく》など、古代出雲の国が実在したことをものがたる証拠が数々見つかっています。また、出雲風土記に残されている国引きの伝説や美保関神社で今も続いている國譲りにまつわる神事など、古代出雲の国を彷彿とさせる事象は枚挙にいとまがありません。

なぜ、この地に大きな文化が花開いたのか？

いろいろな見方があると思いますが、この地域は世界でも稀にみる資源豊富な地域だったということです。中国山地からもたらされる豊富な水や食料・エネルギーである森林資源、そして中国山地から採れる砂鉄や石見銀山から掘り出される銀など、さまざまな資源が集まった豊かな地域だったのです。

その中でも、鉄の文化がこの地域の産業に大きな影響を与えることとなります。この地域の鉄や森林資源を活かし、大陸から伝わってきた製鉄の技術で「たたら製鉄」が生まれました。鉄鉱石が海外から輸入されるようになるまで全国の鉄の生産量の8割をこの地域で生産していたといわれています。そしてそれが、現在まで続く産業の礎となったのです。今回、本書で紹介しております株式会社キグチテクニクスや株式会社守谷刃物研究所は、安来市に根づく製鉄の文化から生まれた企業といえます。

そしてもう一つ、この地域の企業で特筆すべきことは、長く続く企業が多いということです。株式会社たなべたたらの里を運営する田部《たなべ》家は室町時代1460年に製鉄業を始めて560年以上の歴史があります。中浦食品株式会社を運営する鷦鷯《さざき》家は江戸時代1686年に創業となっていますが、450年以上前からさまざまな事業を展開してきたそうです。いずれの企業も、時代を超えて何世代も引き継がれてきています。その間、戦争や体制の変化など、さまざまな変化を乗り越えるためのイノベーションを繰り返し、今の時代にまで会社を存続してきているのです。

企業の平均寿命は、30年といわれています。これは、とりもなおさず創業者が自分一代で企業を終わらせるという計算になります。一方で、企業が掲げる理念（ミッション）には、社会への貢献と事業の永続が謳われております。本書の中で紹介されている企業の事例から社会に必要とされる企業となり、世代を超えて永続するヒントを得ることができるかもしれません。

今回の取材を通して、古くから伝わる伝統や文化を大切にしながら、人と人との「つながり」により、新しいものを作り上げていくパワーを感じました。本書を読んでいただいた若い人たちにも、次の世代へと地域をつなぐ伝承者として、この地域を支えていただければ幸いです。

株式会社ＢＥＡＮＳ　代表取締役ＣＥＯ　遠藤　彰

下の句編　島根の注目30社

「ご縁の国」の絆で、〝今〟そして〝未来〟を変える挑戦

もくじ

第1章

技術力で社会に貢献する島根の注目企業

第2章

文化・教育に力を注ぐ島根の注目企業

第3章

山陰の食を活かし、食にこだわる島根の注目企業

上の句編

地域密着型サービスに邁進する島根の注目企業

金見工務店
島根電工
ジュンテンドー
ホンダカーズ島根東

地域の基盤を支え続ける島根の注目企業

イワタニ島根・イワタニ山陰
サンベ電気
島根日産自動車
トーソク
毛利組

オンリーワンを突き進む島根の注目企業

吉川工務店
協和地建コンサルタント
高橋建設
日新グループ
バイタルリード
モルツウェル

巻頭インタビュー

松江商工会議所 会頭　田部長右衛門氏

若者が外へ出て島根の魅力を実感することが島根創生の近道

人口減、企業減が懸念される島根だが、澄み通った水、おいしい食べ物、豊かな自然……、島根が自慢できるものは数多い。また、一度、県外に出たからこそ、地元のよさが見えてくることもある。自身も県外や海外などで見聞を広めた後、島根に戻り事業を受け継いだ松江商工会議所、田部長右衛門会頭に、島根で生まれ育った若者への熱い想いを語ってもらった。

田部長右衛門（たなべ・ちょうえもん）
1979年、島根県生まれ。松江北高校卒業後、中央大学へ進学し、2002年にフジテレビジョンに入社。報道局ディレクター、ニューヨーク支局勤務などを経て、2009年、30歳で郷里に戻り、TSKさんいん中央テレビはじめ約30の会社を継承した。2015年、長右衛門を襲名して田部家25代目の当主となり、2019年、40歳で松江商工会議所会頭に就任。グループ会社の中でも、たなべたたらの里による雲南市吉田町の地域おこしと、100年ぶりのたたら製鉄復活に注目が集まっている。

起業家たちを支援、島根にどんどん新規事業を起こしていく

――初めに田部会頭ご自身のことを教えてください。新しい事業に次々と取り組んでいらっしゃいますね。

田部　私は、ＴＳＫさんいん中央テレビとそのグループ会社、外食・住宅・地域開発などを行う田部を中心とするグループ各社のトップを務めています。何代にもわたる事業を引き継ぎつつ、新しく自分で事業を始めたいとあらゆることに挑んできました。

どうしてそんなに攻めるのか？　と言われることも多いのですが、それは「好きだから」です。食べたいものがあるから外食をやる。好きだから地域おこしに挑む。好きなことしかやっていません。

あとは負けず嫌いだから、ここまでできたというのはありますね。

30代は手痛い失敗もしました（２０２２年秋現在、43歳）。でも、必ず勝つまで続ける。会社を潰すような失敗はいけないけれど、ダメージを吸収できるうちはとことん挑んでやり続ける。

負の遺産を取り返すのに何年もかかったこともあります。40代になってリスクを分散することがうまくなったと思います（笑）。

――松江商工会議所でも、新規事業を立ち上げる支援に力を入れていますね。

田部　「島根経洗塾」ですね。まず、島根では絶対的に企業数を増やす必要があります。新規事業をどんどん作っていかなければならない。

松江市も同じ考えだったこともあり、まず起業を志す人が勉強できる場を設けました。地元で成功している経営者はもちろん、あらゆるコネクションを使って日本中から、たとえば超一流企業の経営者や、ベンチャー企業の経営者を呼んで話をしていただく。

東京で上場している島根出身の経営者もいます。モチベーションは高いし、視野も広い。苦労はあるけど楽しくやっている。本当にすごい。

塾生にはまずそんな経営者と交流できるようにして憧れてもらう。そうして新しい扉を開いてほしいと思います。

――危機感も強かったということでしょうか？

田部　島根の現状は非常に厳しい。企業の多くは右肩下がり、企業数そのものが減っています。また、若い人たちは競争をしない。就職先で一番人気があるのが松江市役所です。親たちが「公務員になれ」とか「市役所は潰れない」とか言っている影響が大きいのでしょう。

親たちは「東京へ行って大企業に就職しろ」と言いますが、「家業を継げ」とは言いません。子供も継ごうとはしない。継ぎたいとは思わない。

だからこそなんとかしなければ、というわけでスタートアップ——起業の支援なのですが、高度成長期ならばどんどん会社を作れたでしょうが、今は日本全体のマーケットがシュリンクしています。その中で起業することにみんな慎重です。リスクが大きい、大損するのでは……と。ハードルが高い中でいかに始めればいいのか。経験豊かな支援者たちを集めて、みんなでお世話をしていこうということです。

若い人には外に出てほしい、島根のよさをわかって帰ってきてほしい

——塾はすでに5期（2022年現在）に入っています。成果はいかがですか？

田部　第1期の卒業生としてバイタルリードの森山昌幸社長がいらっしゃいます。以前から会社を設立されていたのですが、塾で入念な事業計画の作成を

島根での新規事業を目指す人材を育成すべく立ち上げた「島根経洗塾」

学び、ベンチャーキャピタルからの資金調達に成功して新製品の開発ができたと聞いています。

ほかにも、起業のプランが数多くできつつあります。そういう方々には地元の地銀や我々にぜひプレゼンしていただきたい。いい企画だったらうちも出資します。

いずれはインキュベーションセンターも作りたい。起業して軌道に乗るまで仕事ができる場ですね。シェアオフィスをはじめ、会議室や応接室を揃え、商工会議所はじめ経済団体も同じビルに入ってもらう。ベンチャーキャピタルも自分たちで作り、起業したい人のプレゼンを聞いて、よければすぐに投資する。すべてがワンストップでできるような仕組み、施設をぜひ作りたいですね。

――島根では企業減もさることながら、人口減そのものが問題になっています。田部会頭は若い人に「外へ出ろ」と言っていると聞いていますが。

田部　一度、都会に出てしまうと帰ってこない。だから「囲い込め」、地元の学校へ行って、地元で就職しろ、と言う方がいらっしゃいます。でも、それでは井の中の蛙になってしまいます。

外に出るからこそ、島根のよさがよくわかります。若い人には一度、島根以外の土地に出てほしい。できれば外国に行っていろいろなことを見てきてほしい。

私は20代、東京に長く住んでいました。テレビ局の仕事でニューヨークに赴任していたこともあります。

ニューヨークの道はゴミでいっぱいです。パリにいたこともありますが、道は吸い殻だらけです。日本がいかに恵まれているかがわかります。果物一つとっても世界一おいしい。風呂やトイレの清潔さも世界一でしょう。食の面でも、衛生面でも、日本ほど恵まれている国はありません。

私自身、一度外に出て島根に帰ってきたことで、当たり前と思っていたことが、実は当たり前じゃなかったと気づきました。

私が25歳で、ニューヨークから一時帰国したときのことです。吉田の本家で食べたご飯と味噌汁と山菜の天ぷらが死ぬほどおいしかった。涙が出るほどおいしかった。

縁側に座り目を閉じると人工の音は一切しませんでした。虫の音、川の流れる音、風の音、鳥のさえずり、それしかない。それが本当の贅沢なんだと気がつきました。

だからよく子供たちの講演で言っています。

あなたたちが食べているご飯は本当においしい。なぜなら山から滲み出て天然のフィルターで濾過された水で作った米だから。米を研ぐときも、炊くときもその水を使っているから。その水で育てた野菜の漬物を食べ、同じ水で作った味噌の味噌汁をいただく。それがどれだけ贅沢なことかに気づかないとだめだよと。


――外へ出ていったままではなく、帰ってきてほしいということですね。

田部　ええ。ですから「島根に帰ってこよう」と思っていただける地域にしなければと思っています。

これからは地方の時代だ、チャンスが到来するという方がいますが、私はこれから地方と都会との差は、たとえばＤＸが進んでいけばむしろ広がっていくのではと懸念しています。

でも、我々には都心にはない本当に価値のあるものがある。

それらを徹底的に磨くことが「地域創生」への近道です。絞り込んで徹底的に磨いていく。そのことにきちんと取り組まなければと思っています。

これからが勝負です。

（明治維新で）薩長土肥の四つの藩が日本をひっくり返したのは、たかだか１５０年前のことです。同じことが今できないなんてことはありません。

民間が中心となり、スピード感をもって「地域創生」をやっていきます。若い人たちには島根に帰ってきてほしい。ほかの地域からも来てほしい。そして島根の事業に参画してほしい。そう願っています。

――ありがとうございました。

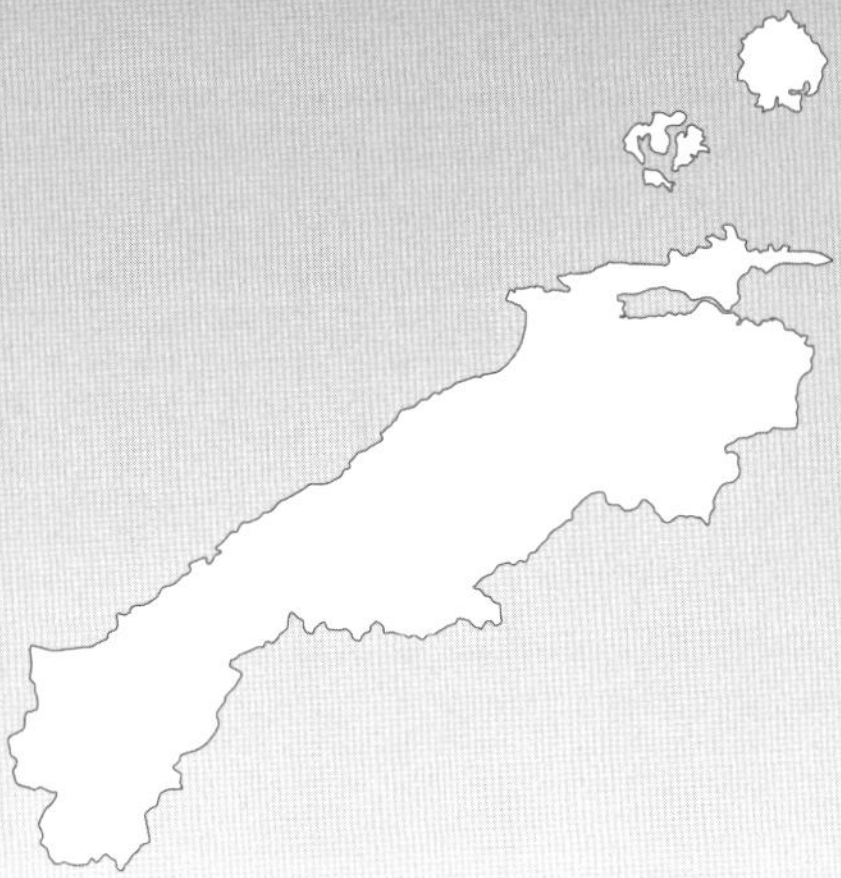

第1章

技術力で社会に貢献する島根の注目企業

技術力で社会に貢献する島根の注目企業

（法面工事）

アサヒ工業株式会社

社員の幸せを第一に、
人間力を高めながら
新工法、特殊技術を駆使し、
地域の安全を守る
5S運動実施中

出雲国三大社の内の一つ「佐太神社」の裏で行われている法面処理工事の様子

設立／1979（昭和54）年5月8日

事業内容／法面処理工事、斜面防災工事等

資本金／2000万円

従業員数／23人（2022年4月現在）

所在地／〒690-0023 島根県松江市竹矢町1343番地1

URL／https://asahikk.com/

ロープにぶら下がり、鍬《くわ》で斜面を削ってヘトヘトに

山道を自動車でのぼっていくと、緩やかだった勾配はやがてきつくなり、道の片側の山の斜面もせり上がっていく。気がつけば、すぐ脇まで崖のような斜面がのしかかるように迫り、よくこんなところに道を造ったなと思うことがないだろうか。その斜面に施されているのが、法面《のりめん》処理だ。

法面とは、道を造ったり、宅地を造成したりする際、山を切り開いたり、逆にそこから出た土を〝盛り上げ〟たりして人工的にできる斜面や崖のこと。急勾配にもかかわらず崖崩れが起きないのは、法面を処理する工事がしっかりとなされているため。松江市に本社を構えるアサヒ工業は、創業以来、この法面処理を専門に行ってきた。

1 松江市にあるアサヒ工業株式会社の本社

2 付加価値の高い人材を育てるため、社内研修や勉強会もよく行っている

3 アサヒ工業株式会社の代表取締役・實重正樹氏

法面処理は急勾配での作業になるため、高度な技術が求められる

「法面処理は、見た目にも出来具合がはっきりとわかりますし、山を切り開いたり土を盛ったりしたあとの工程で、土木工事の一番最後に行うので工期に追われることは多く、何より作業そのものが大変です。今はかなり機械化が進みましたが、人がロープにぶら下がり、鍬で斜面を削ることもあるんです」

特殊な工事の大変さを語ってくれたのが、アサヒ工業の實重《さねしげ》正樹社長である。

實重社長自身、入社したての頃は、〝職人〟として法面工事に携わってきた。

作業服の上からハーネスを取り付け、命綱であるロープにぶら下がる。そして急斜面に向かい、鍬一本で斜面を削っていく。土を削り平らにならしていくだけでも重労働だが、斜面に樹木が生えていることもある。伐採してその根株も取り除く。

「一つの株を取り除くのに何日もかかることがあります。もうヘトヘトですね（笑）」

夏は汗だくになり、冬は突き刺さるような冷たい風にさらされながら作業を続けなければならない。

新工法を採り入れることで作業性は上がり、見た目も美しい

1979年5月8日、實重社長の父親が設立したのがアサヒ工業だ。独立前、父親は、東京に本社を構える会社の松江営業所に勤務、主に中国・四国・九州地方の工事現場を担当した。地盤改良など特殊土木といわれる分野を得意とする会社だったが、そこで身につけた法面工事の技術で、松江市内に小さな事務所を借りて父親と母親の二人でスタートを切った。顧客の信頼を得て、仕事は中国全域ばかりでなく、関西方面にまで広がっていった。

現在の實重社長は、小学生の頃、事務所によく遊びに行ったことを覚えている。父親はそこを基点にあちこちの現場を飛び回り、土日も関係なく働いていた。

法面工事で一般的なのが「法枠工《のりわくこう》」といわれる工法だ。

斜面を削って平らにならし、そこに型枠を備え付けてコンクリートを吹き付けて固める。それによって土砂崩れを防ぐ。斜面いっぱいにコンクリートの巨大な格子が張り巡らされ、まるで巨大なワッフルのように見える山の斜面を目にした人は多いのではないだろうか。日本全国で広く普及している工法だ。コンクリートを敷設する代わりにブロックを敷き詰め、杭を打ち込んで固定する方法もある。

アサヒ工業はそのような基本的な工法だけでなく、特殊な技術も採用している。その一つが「ジオファイバー工法」だ。

斜面に、ポリエステルの繊維を土や砂とともに吹き付けて人工的な土壌を作り、その上に草や木を植えていく。土と繊維が絡まることで斜面の土砂崩れを防ぐ。また、月日とともに植えた草木が根を伸ばし、人工の土壌だけでなくその下の自然の土にまで達して人工土壌と地山を一体化する。緑が一面に広がる、美しい景観が実現する工法だ。

長寿命補強土工法は、斜面に2~5メートルもの杭（長寿命強材と呼ばれる）を埋め込んだり、表面を金網で覆ったりして補強する工法である。その名の通り、長寿命の法面が実現する。

いずれも斜面を正確に削ることが基本になるが、そこでもアサヒ工業は最新の工法を採り入れている。

斜面安全掘削（SSD）工法は、急勾配でも安全に斜面の機械掘削を可能にする。

法面作業でも機械化は進んでいるが、斜面があまりに急勾配だったり、災害が起きた現場では、土砂崩れを起こさないよう慎重に工事を進める必要がある。そのため、昔ながらのように人手に頼ったり、小型機械を導入して部分的に掘削するしかなかった。施工できる量は限られ、工事期間は長くかかっていた。

だが、この斜面安全掘削（SSD）工法では、専用の特殊な掘削機を用いることで作業効率が大幅に向上する。

掘削機はキャタピラーとともに、斜面上から張られたワイヤーによって自在に上下に行き来することができ、乗り込んで直接操作することも、遠隔でリモコン操作することも可能。従来、無理と思われていた急勾配の斜面でも安全に作業ができるようになり、土壌の掘削はもちろん、樹木の根株の掘り起こしも短時間でできるようになった。

人手で法面工事を行う大変さを、身をもって知っている實重社長が、高齢化が進む現場で必須の技術として取り入れた。

重要文化財を多く所有する佐太神社の背後にある森に施された法面

松江市内の佐太神社は、出雲国三大社の一つ「佐陀大社」として称えられ、国や県の指定重要文化財を多数所有している。また、「佐陀神能」などの祭祀は、ユネスコの無形文化遺産リストに登録されるなど、世界的にも価値が認められる神社である。北殿、正殿、南殿からなる本殿三社の背後には急勾配の森が広がるが、そこに施されているのがアサヒ工業による法面処理だ。

そこでは、かつて父親の代に施工したコンクリート枠を用いた「法枠工」による法面と、現社長の代になって新たに施工した「ジオファイバー工法」による法面が隣り合って並んでいるのを見ることができる。

試行錯誤の末「人を大事にする」意味を理解

特殊な技術を採り入れながら法面工事の専門性を深めてきた實重社長だが、もう一つ強く意識しているのが、実際に工事に携わる〝職人〟たちへの姿勢である。

一般に、中小零細の土木建設会社は、現場監督は社員でも、工事に携わる職人たちは外部の人間であることが多い。仕事が発生するたびに必要な人員を集めればよく、仕事がなければ人件費はかからない。

だが、アサヒ工業は、創業当時から父親の方針で〝職人〟たちを社員として雇っていた。

「私は父親の代に現場監督と専務を兼任するようになったんですが、当時の社長に対して、この方針に疑問を投げかけたことがあります。でも、今ではすっかり考えを改めましたが」（實重社長）

職人を社員として抱えていることはリスクを伴う。専務という立場になり、会社の経営を考えてのことだったが、そのときは父親に一蹴され引き下がった。だが、しばらくしたあと、今度は「早く、安く」という方針を打ち出した。

コストを抑えて少しでも利益を増やしたい――。そのため工事はできるだけ短期間で済ませ、人件費もできるだけ抑える。そこで現場には「早く、早く」と急かし、一人の無駄もなく人員を配置するように指示した。

「短期間では確かに成果は出ました。狙い通り効率化は実現して、利益も増えました。でも、長

期的に見ていくと、現場の雰囲気や仕事の質に反映されていくことに気がつきました」（實重社長）

アサヒ工業の仕事の多くは公共工事である。そのため、あらかじめ品質の基準は定められ、それをクリアすればなんら問題はない。

だが効率を求めてギリギリの仕事を重ねると、どうしても品質や仕上げに差が出るようになってしまう。基準はクリアしていても、見る人が見ればわかる。効率が上がっているように見えても、社内の雰囲気がおかしくなり始めた。實重氏が社長に就任して2年目の２００８年、ついにそれは数字として現れた。会社初の赤字を喫してしまったのだ。

「数字は正直です。入札制度の改正での落札率の低下など、直接的な原因はいろいろ考えられたのですが、基本的には社長である自分の方針がまずかったことは間違いない。社員の技術力向上はもちろん、人間力向上、仕事へのやりがいを含めた社員満足度向上の重要性に気づき、社員を大切にしなければと、考えを改めました」（實重社長）

改めて父親が採っていた方針の意味がわかり始めた。経営の勉強会に参加して、「社員の幸せ」を考える方針へと転換を図ることにした。

人が辞めていく悩みはキャリアマップ作りで克服

「社員の幸せ」を考える方針転換は、簡単ではなかったという。

当初は、社員のやる気を引き出すべく、成果報酬のような制度を採り入れた。がんばって仕事で成果を上げればそれだけ報酬が上がる。会社に貢献したぶん、社員に還元する形にしたが、社員たちは思ったようには動いてくれなかった。

それどころか辛抱して時間をかけ人を育てたと思ったら辞めていく。そんなことがあとを絶たなかった。入社4年目の20代の社員が退職するに及んで、このままではいけないと本気で考えた。

「若ければ、それだけで未来に希望を持っていると、勝手に思い込んでいました。でも、当人たちは、毎日毎日肉体的にしんどい仕事をして、これがなんのためになるのか、いったいこれが何年続くのか、そう思っていたんです。そしてある日『もう無理、続けられない』と辞めてしまっていました。未来に希望を持てなかったのだと思います」(實重社長)

今の仕事を通して、自分の将来が見える仕組みを作らなければ……。そこで始めたのが、社員を数人のグループに分けて、数年後、十数年後の自分の姿を想像できるキャリアマップ作りだった。

これにより、たとえ今の仕事が肉体的にきつい単純作業であっても、その意味がわかり、続ければ、次にどんな仕事が待っているのか、将来やるべきことが見えてくるようになった。

また、仕事が実際どのように社会に役立っているのか――、仕事の意味を考え直し、経営理念も作り直すことにした。

「私たちは、法面処理工事を通じて、お客さまから信頼される企業として地域ナンバーワンを目指します。そして、向上心を持って付加価値の高い人創りに取り組みます」という経営理念は現在、毎朝全員で唱和して浸透を図っている。

また、ホームページで「会社のこだわり」として「自社職人をかかえる意義」と「新しい技術への挑戦」も公表し、地域にいかに貢献していくのかを明確に打ち出している。

一番大事なのは、知識や技術よりも〝人間力〟

キャリアマップ作りにより、具体的な人材育成ができるようになったという。

たとえば、法面工職人を育成したいならば、命綱であるロープやそれを身体に装着する安全帯の使い方から始まり、作業一つひとつを順に身につけていけるよう、より具体的な項目に分けて順番に覚えられるようにすればいい。

新しい技術も採り入れやすくなった。

具体的に何を覚え、現場でどう仕事をすればよいのか――、資格が必要ならば、それを取得するために何をどう勉強すればよいのか――、具体的な道筋を描くことができるようになった。

最近、会社として新しく採り入れたのが、老朽化したモルタルを補修補強する「リバイバル工法」だ。

作って数十年経ったコンクリート製の法面は、ヒビ割れたり、剥離したり、地山と隙間ができて空洞化したりするなど老朽化は避けられない。放っておけば崩落の危険もある。

補修するには、一般的には古いコンクリートを剥がし取り、新しく打ち直すことになるが、法面の下に防護柵を作るなど大がかりな工事になる。だが、「リバイバル工法」では、古いコンクリートの上から繊維を混ぜ込んだモルタルを吹き付けて補強すればよい。上からボルトを打ち込み新旧のコンクリートを一体化すれば、新たにコンクリートを打ち込むのに匹敵する強度が得られる。打ち直すのに比べて手間はかからず、古いコンクリートを剥がして産業廃棄物として処理することも、また防護柵を設ける必要もない。工期を大幅に短縮できる。

アサヒ工業では、既述の「ジオファイバー工法」や「リバイバル工法」の実績を増やしていく一方で、法面工事以外の工事にも力を入れ始めている。

ポリマー入りのセメントをノズル部分で水と混合して吹き付ける「Ｓｔｏ乾式吹付工法」は、橋やトンネル、下水道などのコンクリート構造物の断面修復に適用される工法。法面処理で社員が身につけた吹き付けの技術があれば採り入れやすい。実際、職人たちを「Ｓｔｏ乾式吹付工法」の講習に送り出すと、好成績を上げて帰ってくる。

「社員の技術力を、法面ばかりでなく、橋やトンネルなどコンクリートの構造物ならば、その老朽化の補強に広く使うことができます」（實重社長）

会社としても新しい分野の仕事の開拓が可能になる。キャリア作りと会社の将来構想が重なることもあり、積極的に採り入れることにした。もっとも、實重社長は次のようにも語っている。

「やっぱり一番大事なのは〝人間力〟。知識や技術よりもこちらです。〝人間力〟が上がれば、意

アサヒ工業では、月に一度、人間学を学ぶ「社内木鶏会」が行われている

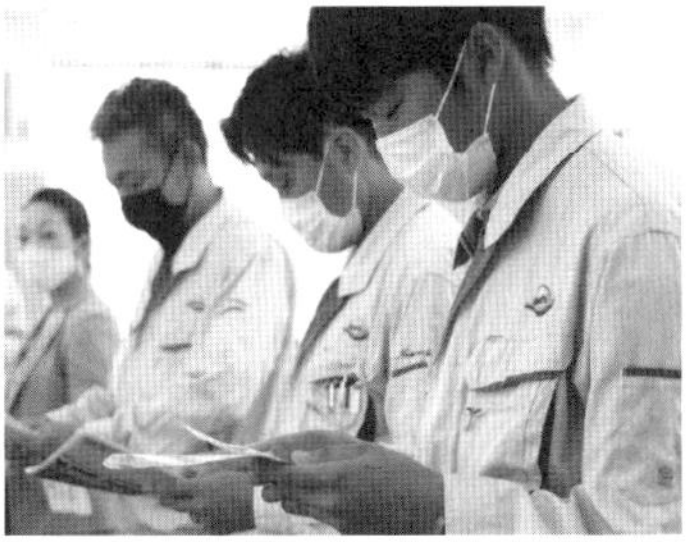

社会人としての基本を身につけるため、毎朝開かれている「活力朝礼」の様子

欲も向上心も湧いてきて、みな自分で努力し始めます」

新しい技術を採り入れられるのも、〝人間力〟があってのこと。毎朝、活力朝礼[※1]を続け、月に一度は社員教育読本、安全訓練でのスピーチ、社内木鶏会[※2]などで、常に〝人間力〟を高める機会を作っている。

簡単ではない。だが、辛抱強く待てば誰でもどこかで〝やる気スイッチ〟が入るという。「先日もあるお客さまが、わざわざウチに手土産持参でやって来られて、『アサヒさんに仕事してもらったおかげで好成績がとれた』と本当に喜んでいただきました。うれしかったですね」（實重社長）。

人を本当に大事にする意味が理解できて成果も現れ始めた。實重社長は、今は社員が成長している姿を見ることが、何よりもうれしいという。

※1：挨拶など基本動作を身につけつつ、経営理念の唱和で理念の共有、倫理法人会の月刊誌「職場の教養」の輪読で社会人としての基本を身につける朝礼

※2：人間学を学ぶ月刊誌「致知」を読み、感想文を書き、それについての感想を述べあうことで読解力、表現力などをつけつつ、お互いを尊重して人間的な成長を図る勉強会

技術力で社会に貢献する島根の注目企業

ソフトウェア開発

株式会社イーグリッド

出雲と東京の拠点をベースに
IT技術を駆使して顧客の課題を解決、
さらに、つながる“場づくり”で地域の活性化を目指す

出雲市にある株式会社イーグリッドの本社

設立／2010（平成22）年11月1日
事業内容／ソフトウェアの設計、開発、販売、運用・保守ほか
資本金／4000万円
従業員数／74人（2023年3月現在）
所在地／〒693-0056 島根県出雲市江田町40-1
URL／https://www.e-grid.co.jp/

ワクにはまることなく、やりたいことをやり抜く思いで仕事に邁進

「今日は北海道、明日は沖縄、東京にいたときは、そんな生活を続けていたので、島根に帰ってきたときはもうじっとしていられなかったんですね。外の世界とつながって仕事をしていたい――、死ぬ気で働きたい――。そう思いました」

出雲市に本社を置き、ソフトウェアの設計、開発を手がけるのがイーグリッドだ。同社の創業者であり、現在、代表取締役を務める小村《おむら》淳浩《よしひろ》氏は、2010年の創業当時の気持ちをこう表わしている。

現在、イーグリッドは出雲市内の本社のほか、同市内のソフトウェアニアショア開発センター、

1 社員は74人。出雲市の本社やソフトウェアニアショア開発センター、東京オフォスの3拠点で事業を行っている

2 イーグリッドの代表取締役・小村淳浩氏

3 出雲市内にあるソフトウェアニアショア開発センター

そして東京都品川区の東京オフィスの3拠点で、「空間情報システム」「ソフトウェア請負開発」「ウェブサイト制作／ウェブマーケティング」「ニアショア開発・オフショア開発」の四つを事業の柱として業務を進めている。74人の少数精鋭の技術者集団だ。

建設コンサルタントの父親の背中を見て育ったという小村社長は、自然に技術系を目指し、大学では流体力学を専攻した。大学院へ進み、当時読んだビジネス誌で出合ったのがＩＴＳ（高度道路情報システム）――現在の自動車の自動運転やＥＴＣなどの技術だった。

「大学院では、二酸化炭素を高圧で液体に変えて海底に閉じ込め、地球温暖化を３００年ほど先延ばしにするというテーマを研究していました。でも、いろいろな人と出会う中で興味を持ったのがＩＴＳでした。自動運転を実現したり、ＩＴで渋滞を減らしたり……。ちょうど日本はバブル崩壊による閉塞感で息苦しかった頃。ＩＴで夢が描ける世界にワクワクしました」（小村社長）

大学院修了後は大手の電機メーカーに就職し、ＩＴＳを扱う事業部に配属された。希望通りＩＴで自動車や交通の課題を解決する部署だ。今から20年ほど前にもかかわらず、「バスロケーションシステムや、Ｕｂｅｒと似たシステムを検討したり構築したりしていた」と小村社長。ワクにははまらなかった。

所属は交通系にもかかわらず、面白い提案ができそうだと思いついたら営業担当に頼み込み、どんな業界へも飛び込んでいった。勝手に化粧品会社のシステムを提案して、上司に叱られながら開発したこともある。

本業の交通系の仕事でも、やりたいことは止められなかった。
「小泉政権のとき、国交省にたまたま思いつきで提案したものが採用されたことがあります。変動する渋滞状況を自動で把握できるシステムでした。6人ほどで3カ月近く自宅に帰らず開発しましたが、国交省が日本の取り組みとしてアメリカ政府に紹介するということになり、当時のブッシュ政権のアメリカ連邦道路局にお披露目したこともあります」（小村社長）
このときも上司に5時間ほど説教されたが、頭の中は次の仕事のことでいっぱいだった。しかし、やがて認められるようになった。

子の誕生を機に島根に帰って起業するも、需要の多い東京でひたすら飛び込み営業の日々

入社から10年ほどが経った頃、父親から出雲に戻って父親の建設コンサルタント会社で働くよう打診された。

勤めていた電機メーカーでは、北京での新規プロジェクトが立ち上がったところで、魅力的な仕事を前にかなり悩んだという。しかし、子どもが生まれたばかりのこともあって、故郷の出雲に戻ることにした。

建設分野でもＩＴの知識や経験は応用できると奮起し、実際にいくつかの仕事で用いてみたも

起業した頃の小村社長（写真右）

のの、受け入れられることは難しかったという。
自分のゴールは自分で決めたい――そこに向かって思う存分死ぬ気で働きたい――。こうして2010年11月にイーグリッドを立ち上げることとなった。
「当初は分野を限らず、どんな仕事でも引き受けましたね。需要が多いのはやはり東京ですから、そこで飛び込み営業をして仕事を取ってきました。多かったのはウェブの仕事でした」（小村社長）

◎ウェブサイト制作／ウェブマーケティング

ウェブ関連の仕事は、サイトの制作だけでなく、ウェブを活用して集客するにはどうすればよいのか？　売り上げを上げるには？　広告の運用は？　といったマーケティング関連の依頼も多かった。個人商店から中小、大企業まで幅広く営業し、受注すれば徹夜で作り、期待に応えた。そのため「2週間東京にいて、1週間出雲へ帰ってくる」生活を続けた。この仕事が現在の「ウェブサイト制作／ウェブマーケティング」事業につながっている。

サイトをデザインして終わりではない。

ウェブサイトの制作やマーケティングは個人商店から企業、自治体など幅広く手がけている

そもそもサイト運営の目的はどこにあるのか？　必要ならばマーケティングも行った上で企画し、目的に沿ったサイトを制作する。ＳＥＯ対策はもちろん、リスティング広告の代行も含め、その後の運用にも深く関わっていく。

東京では多くの顧客を獲得したこの分野の仕事だったが、現在は、地元・島根の顧客が大部分を占めている。個人商店から企業、自治体まで顧客層は幅広い。

◎空間情報システム／センサシステム

徐々に会社としての実績を積んでいき、注文は増えたが、そんな仕事に疑問を持つようにもなった。技術や労力の切り売りはしたくない。下請けに甘んじていてはいけない。そこで自分がこの世界へ入るきっかけになったＩＴＳに近い領域に挑むことにした。それがのちに事業の柱の一つとなる「空間情報システム／センサシステム」である。

GPSや地図情報で自分がいる場所を特定しつつ、その位置情報とともに必要な情報を記録していく。自動車に乗って、その位置情報とともに速度、加速度、アイドリングなどの情報を収集して分析すれば、安全運転やエコドライブの診断に使える。

何台もの車両から一度に情報を収集できれば、それらを解析することで、効率のよい物流が実現できる。渋滞の分析や回避など、公共目的の使用も可能だ。

◎ソフトウェア請負開発事業

東京で動き回りながらも、島根を拠点にする利点も考えた。

プログラミング言語は、マイナーなものも含めると世界に数百種類以上あるといわれているが、中でも島根県松江市名誉市民のまつもとゆきひろ氏が開発し、世界的に利用されている言語がRuby（ルビー）だ。島根県ではRubyを扱うエンジニアが多い。

Rubyを用いてウェブアプリケーションの開発をしやすくした「Ruby on Rails」を積極的に採り入れ、創業当初から使ってきたPHPやJAVAなど信頼性の高い言語とともに、用途に合わせた提案をした。こうして、現在の「ソフトウェア請負開発」の事業が成り立っていった。

◎ニアショア開発・オフショア開発

首都圏では、ソフトウェア開発のニーズはあり過ぎるほどなのに、エンジニアが不足していることにも気がついた。逆に島根では既述のＲｕｂｙをはじめ、各プログラミング言語に精通したエンジニアが多数いた。

そのギャップを逆に活かそうと、２０１６年から「ニアショア開発」を始め、首都圏で受注した案件を島根で開発することにした。

商業施設の一角を賃借して始めたが、２０２０年1月には、出雲市内に専用拠点のニアショア開発センターを開設。出雲の本社、東京事務所に次ぐ第3の拠点となった。

リモートの環境を備え、首都圏のクライアントやイーグリッドのほかの拠点のエンジニアたちと、まるで同じオフィスにいるようにコミュニケーションしながらソフトウェア開発を進めている。

得意分野に注力しながら、独自製品も次々と開発

こうして、カーテレマティクス（車両位置情報）システム、会員管理システム、作業ライン管理システム、病院向け予約・顧客管理システム……多くの実績が生まれてきた。自治体向けのＧＩＳシステムや公共インフラ維持管理システム、ウェブアプリケーションでは、保険代理店サイトや採用マッチングサイトを制作した。珍しいところでは河川氾濫シミュレーションもある。

スマートフォンで撮影した写真やコメントなどを、位置情報とともに管理できる「GRLOCO」

実に幅広く見えるが、不得意なことはやらない。業界の事情もわからずソフトウェアだけを開発してもクライアントへ迷惑をかけるだけだからだ。

スマートフォンで使える「GRLOCO（ジーアールロコ）」は、「空間情報システム」の技術をもとに、現地で撮影した写真やコメントなどを、位置情報とともに管理できるイーグリッドオリジナルの製品。防災パトロールで道路や河川を調査、撮影、記録するために使われている。

同じく同社の製品としては、クラウド側顧客管理プラットフォーム「GRMarketing（ジーアールマーケティング）」もある。

2018年に島根大学医学部とともに開発した薬理学実習シミュレーター「Pharmaco（ファーマコ）―PICOS（ピコス）」は、非常にユニークなソフトウェア。プログラムに実験動物のデータを組み込み、動物を使わなくても、薬物を投与したときの反応や効果、作用をシミュレーションできる。医学部の授業で実験の殺傷を減らすことができる。

現在、独自の小型センサーも開発中だ。

「街のどこにどれほどの人がいるのか。カメラで写して画像解析すれば正確にわかり、実際に使われてもいるんですが、コストがかかる。人が持つ機器から電波を拾って数えることができれば、スマホを持っていない人がいたり、複数のデバイスを持っている人がいたり、精度は甘くなりますが、コストは断然安く抑えることができ、100分の1ほどです。現在、その製品化を進めています」（小村社長）

1辺2センチほどの立方体のセンサーを、現地の地形や建物の状況に応じていくつか設置し、そこでスマホなどのデバイスからの電波をキャッチし、交差点でどれほどの人が歩いているのか――観光地ではどれほどの人がどの時間帯に訪れているのか――をカウントする。

動物を使った実験を削減できる、薬理学実習シミュレーター「Pharmaco（ファーマコ）-PICOS（ピコス）」

交通情報を把握することで、事故を未然に防止したり、渋滞を解消したり、そのための基本的なデータの取得が可能になる。現在、日本のメーカーが同様のシステムを提供している。ただ、正確で完璧に近いほど精度は高くなり、その分、センサーは大げさになりがちでコストもかかってしまう。

現実にはそれほど精度はなくとも、より低コストで目的を果たせる仕掛けが求められている。

「たとえば、商店街のお祭りにどれくらいの人が来てくれたかがざっくりわかるような使い方もできます」（小村社長）

気軽に使える仕組みとして、受け入れられるだろう。

日本ばかりでなく、東南アジアや中国などでも需要があるはずと、日々実験を重ねている。ビジネスの向かう先の一つに海外を視野に入れているというわけだ。

ありとあらゆる人たちがつながりを持ち、互いにレベルアップできる〝場〟を作る

仕事から少し離れた視点で、もう一つ構想していることがある。地元、島根の経営者や社員たちのためのプラットフォーム作りだ。

「ベンチャー、ＩＴ、それに限らず地元の人たちが集まれる〝場〟を作りたい。マッチングによって新しいビジネスが生まれるかもしれない。また、エンジニアが参加してそこで刺激を受け、レベルアップが図れるかもしれません。

いずれは首都圏の企業や海外の企業とつながることだって考えられる。つながりをどんどん大きくしていく〝場〟です」（小村社長）

仕事を通じて多くの企業と関わってきたことで、改めて見えてきたのが地元の企業の可能性である。

あの企業とこの企業が知り合うだけで、何か生まれるかもしれない。ほんの少し手助けするだ

けで、あるいはちょっとした情報があるだけで問題が解決し、大きく飛躍できる可能性がある。ウェブを利用したサービス一つとっても、大手企業が仕組みを作り、決して安くはない手数料で提供しているケースは多い。だが、それを自分たちが独自に始めれば、ビジネスとしても、地域にとってもずっと有効なはずだ。

そんな発想を促す〝場〟を作りたい。

顔と顔を合わせられる物理的な〝場〟とともに、ネット上でも情報交換できる〝場〟を作る。2022年に立ち上げを予定している。

「といっても、島根にこだわる必要はないと思っています。出て行った人が戻ってきてくれるのはうれしいですが、無理強いはできません。ですが、たとえ戻ってこなくても、島根に貢献できることはたくさんあります。出雲の出身者で、東京で起業して会社が大きくなり、出雲に拠点を構える人もいます。そういう人たちが増えてくれれば、それでいいじゃないですか」（小村社長）

島根も出雲も好きだが、縛られたくはない。自分自身、島根を飛び出し、学び、仕事をして、生活もした経験から、島根のよさがよく理解できる。

若い人にも失敗を恐れずに思い切って飛び出してほしいという。

「トライしなければ失敗もありません。考えてやらないよりも、とにかくやってみる。やり続けることで道は必ず開けます。挑戦し続けることです」と小村社長は語っている。

土木・建築

大畑建設株式会社

社員の幸せと地域貢献を旗印に
最先端技術を活用しながら
郷土の未来をつくる

地域への貢献活動として行われた「牛肉まつり」。地元の"うまいもの"がたくさん食べられることもあって、4000人もの人々が訪れた

設立／1953（昭和28）年5月
事業内容／土木、港湾、造園、システム建築、建築、交通、住宅等
資本金／1億円
従業員数／160人
所在地／〒698-0012 島根県益田市大谷町36番地3
URL ／ https://ohata.construction

得意分野はトンネル工事

島根県の西部、益田市に本社を置く土木・建築に携わる大畑建設は、創業以来数多くの仕事に携わってきた。その中でも得意としているのがトンネル工事だ。

「現在行っているもので27本目になります。これまでトータルで１万３６６４メートル掘ってきました。県内の企業でこれほど実績があるところはないと思います」

技術と品質へのこだわりと誇りをこう語るのは大畑勉社長だ。

２０１３年１月に完成した長沢第二トンネルは、地元・益田市と広島県の廿日市《はつかいち》市を結ぶ国道４８８号のバイパスとして２０１１年３月に着工し、約１年９カ月をかけて完成させた。

1 2013年1月に完成した、全長1270mの長沢第二トンネル
2 鳥取県の皆生温泉エリアに建つ大型旅館「やど紫苑亭」は、米子市都市景観施設賞を受賞した
3 海底の形状を測定するために使用するマルチビーム搭載の無人ボート

大畑建設株式会社の代表取締役社長・大畑勉氏

「両側からトンネルを掘るのではなく、片側から掘削していく施工のため、測量の精度が求められました。また、トンネル内から出る汚濁水の処理にも苦労しました。岩盤中には自然由来のヒ素が含まれており、それを除去することはもちろん、水の濁度やｐｈなどを基準値以下にする必要がありました。近くに流れる匹見川へ放流しますが、匹見川は清流日本一として知られている高津川の支流です。汚すわけにはいきません」（大畑社長）

残土に鉄分を含ませた「吸着層」を作り、そこに汚濁水を通して無害化させた。手法そのものを研究して工事を続けた。

それまで益田市と廿日市市を結んでいた国道４８８号線は、幅員が狭く、豪雨時には匹見川の増水で路面が冠水したこともあった。匹見川に沿って作られていたためトンネルができたことで災害の懸念は大幅に減り、山陰と山陽とがより安全に、より短時間で行き来できるようになった。

島根県内でいち早く機械化、技術重視の姿勢で合理化を進める

大畑建設の創業者は、現在の大畑勉社長の父親、大畑實氏。戦時中はビルマ（現・ミャンマー）

に徴用され、終戦後の1946年に復員して故郷の益田に戻ると、そこでは3年前の1943年9月に起きた水害の復旧作業が進んでいた。必要だった砂利を高津川で採集し始めたことが、土木業に携わるようになったきっかけだった。

1953年3月には大畑工務店として会社を設立し、仕事の規模を広げていくが、そこで實氏が着目したのが機械化だった。人海戦術が主流の業界で、県内の企業としては初めて、ブルドーザーはじめシャベルカーや砂利採集のためのドレジャーなどを揃えた。作業を合理化し、重労働から職人たちを解放するためだが、このことが後の大畑建設の技術重視の姿勢につながっていく。

当時、子どもだった勉氏は、父親について、「家には全然おらず、1週間ほど顔を見ないことも珍しくなく、滅多に顔を合わせませんでしたね。仕事仲間は大事にしていたようですが、身内にはどうでしょうかね（笑）」と語っている。

勉氏は、小さな頃から父親に「技術屋にならにゃいけん」と言われて育ったという。その影響で、地元の中学卒業後は松江工業高等専門学校へ進学し、その後、東京の芝浦工大で土木建設を学んだ。大学卒業後は下水道工事の会社に就職し、最新技術だったシールド工事の現場で働いた。今でいうベンチャー企業でヨーロッパへの進出も計画され、勉氏は英語を勉強して備えたが、それを知った父親に無理やり帰郷させられたという。「泣く泣く」（大畑社長）大畑建設（1968年に株式会社化）で働くことになった勉氏だったが、身につけたシールド工法をさっそく現場で活かしていった。

大畑建設の前身である大畑工務店は、現社長の勉氏の父、實氏によって1953年に設立された

父親が初めてのトンネル工事に挑んだのは、そんな時期のこと。県道307号線の平川トンネルだった。

「親父に案内してもらって見に行ったことがありますが、（益田側から見ると）左カーブの100メートル足らずのトンネルです。まだ掘り終わらないのにその先にはもう橋ができている。絶対に測量を間違えられないと言っていました（笑）」

周囲からは「無理だ」「やめておけ」とさんざん反対されたという。それまでトンネル工事はもっぱら大手のゼネコンが担い、県内企業が行うことはなかったからだ。だが、長年、大手建設業者のもとでトンネル工事に携わっていた實氏には自信があった。GPSの技術などない時代だったが、測量機で何度も測量しながら、正確にトンネルを掘り進めたという。

1978年3月、大畑建設は地元の企業として初めてトンネル工事をやり遂げると、その後も多くのトンネル工事を受注するようになり、現在まで計27本に及んでいることは既述の通りだ。

全国初、防波堤工事にマルチビーム搭載の無人ボートを活用。自社開発の工法がマニュアルに

大畑建設は港湾工事にも数多く携わってきた。苦労したのが、2001年から始まった益田港港湾改修工事だった。海底に50トンものコンクリートの塊を3段に積み上げ、さらにその上にコンクリートを打設していく。

「日本海の時化《しけ》のため、施工時期はわずか6~8月に限られていました。絶えず気象情報を把握しながら施工しますが、時化のため仮設足場を流されたこともあります。また、河川から流れ込んでくる砂の堆積にも悩まされました。浚渫《しゅんせつ》しながらの作業になりましたね」(大畑社長)

現在まで無事故無災害を維持し、工事は今も続いている。

もう一つ、大畑建設の技術力がわかる仕事として、浜田港福井地区防波堤築造工事があげられるだろう。

防波堤は、鉄筋コンクリート製の巨大な箱——ケーソンを海の中に並べて作っていくが、その土台として海底に石を敷き詰めていく。作業は潜水夫が行うが、土台の形状は複雑で、海底では視界が悪く、どれほどの精度でできあがっているのか、判断が難しい。

そこで、作業船船位誘導システム(GNSSシステム)とマルチビーム搭載の無人ボートを併用し、音波によって海底の形状を正確に測定するようにした。データを3D化して作業船に送ることで、

ケーソンを目的の場所に正確に投入できるようにした。

「ＩＣＴそのものは２０１６年から国土交通省の推進で弊社でも採り入れており、陸では当たり前のように使っています。平面の地図を３Ｄ化して、重機に伝えて自動化するというものですね。しかし、海の中で応用したのは弊社が全国でも初めて。令和２年11月に『中国・ｉ－コンストラクション』で表彰されました」（大畑社長）

潜水夫の水中での作業負担を大幅に減らし、安全性も向上。大畑建設の開発した工法は、「防波堤工事のＩＣＴ施工マニュアル」としてまとめられ、全国の防波堤工事に応用されるようになった。

著名な建築家のこだわりに応えながら大型建築の仕事も完遂

大畑建設が携わるもう一つの分野が建築である。昭和50年代から、県内の大型建築物の仕事に携わってきた。

最近の代表的な仕事が、益田市の島根県芸術文化センター「グラントワ」だ。県立石見美術館と県立いわみ芸術劇場が融合した島根県西部で最大の文化施設で、東京の著名な建築家が設計し、屋根や壁に計28万枚の地元の特産・石州瓦を敷き詰めたデザインが話題を呼んだ。

大畑建設は、大手ゼネコンとのＪＶ（共同事業体）として、２００２年10月から２００５年３月までの間、建設工事に参画した。

２０２１年４月に完成したばかりの「やど紫苑亭《しおんてい》」も、大畑建設の代表的な仕事といえる。

鳥取県米子市の海岸近く、皆生温泉に建てられた大型の旅館で、周辺にはホテル、旅館、住宅が建ち並ぶため、資材の搬入一つとっても慎重に行わなければならなかった。また、職人不足にも悩まされた。何より神経を集中させたのは、全国の旅館・ホテルの企画設計の第一人者による設計の「こだわり」に応えることだった。

「工事はちょうどコロナ禍の真っ最中。顔と顔とを合わせての打ち合わせは難しく、本当に（設計者が）納得されているのか、妥協されていることはないか不安を抱きながら、連日メールで連絡を取り合ったり、必要ならば郵送でサンプルをやりとりしたり……。そのかいあって完成時の検査では、『今回、新しく考案した意匠もたくさんありましたが、きちんと収めてくださってありがとう』との言葉をいただきました。感無量でした」

仕事を成し遂げたときの喜びを、大畑社長はこう語っている。

「やど紫苑亭」は、同時期に米子市において施工し、２０２１年３月に完成したヘルスケアアパートメント「祇園庵」とともに、米子市都市景観施設賞を受賞した。

美術館と劇場が併設されている島根県西部で最大の文化施設「グラントワ」

「経営理念」に謳ったのは地域貢献と社員の幸せの実現

トンネル、港湾、海底でのICT、大型の建築物の建設……。通常の土木工事も含め、いずれも大畑建設の持つ高い技術力を示す仕事だが、2015年1月、大畑勉氏が代表取締役社長に就任すると、同社はまた別の価値を追求することになった。

「就任後に、まず作ったのが経営理念でした。それまで社訓はありましたが、内向けの社員への訓示が主な内容でした。経営理念は、会社の継続を意識して作りました」(大畑社長)

これまで通り技術を重視する姿勢はもちろん、地域社会への貢献と社員の幸せの実現を明確に謳った。

地域社会への貢献を具体化するために、CSR委員会が設置された。地域の清掃やSDGsの勉強会、イベント開催、社内の労働環境向上など、多岐に及ぶ内容を年間計画に落とし込み、着実に実施している。海岸清掃と高津川の清掃は、2018年2月、全国海岸協会により「海岸功労表彰」を受けた。

2019年7月には、地域を盛り上げるイベントとして『牛肉まつり』を開催した。かつて益田市の松永牧場では、毎年『肉まつり』を開いて好評だったが、駐車場の確保が難しく、中止して4年ほど経っていた。大畑建設は市内の県立万葉公園の施工に関わり、指定管理者も務めている。仕事の一つとして公園への集客があり、園内でのイベント開催はその実現に最適だった。実務にあたった岡野尚常務は、準備と当日の様子をこう振り返っている。

「当社とグループ会社から延べ３００人を動員して取り組みました。松永牧場さんはもちろん、漁協さんなど、地元の団体に声をかけてタイアップしてもらい、業者さんにも声をかけて店を出してもらい、目標通り４０００人の集客を実現しました。でも、列に並んだけど、目当てのものが食べられなかったなどの声もいただきました。あとから社内で反省会を開いてみんなで気づいたことを書き出したところ、ノートが5～6冊になりました（笑）」

来場した人にはチケットを購入してもらい、あとはどの店でも食べ放題とした。牛肉をはじめアワビ、サザエ、ウナギなど地元の海産物、特産物を扱う店が揃い大好評だったが、あまりの人気に長い列ができた。準備は大変、反省点もたくさんあったものの、取り組んでよかったという声は大きかった。岡野常務も「コロナで次の見通しがつかなくなってしまいましたが、またやってほしいという声はあがっており、ぜひ復活させたいですね」と意気込んでいる。

女性活躍、職場環境の整備……建設業のイメージも中身も大きく変えていく

経営理念の二つ目で謳われている「社員の幸せ」についても、同社はその実現を図ってきた。

同社はここ数年、〝女性の活躍する場づくり〟に力を入れている。女性の採用、特に技術者の採用を積極的に開始した。

初めて技術者として女性を採用したのが2013年のこと。2015年に経営理念ができたことでさらに注力することに。現在、女性の技術者は計5人になり、工事の現場でも働いている。

「土木、建築の勉強をしている人が望ましいのですが、なかなかそうはいきません。でも（文系、あるいは専門外でも）土木をやりたい、建築をやりたい、そういう人がいれば積極的に採用して、技術者に育てます。やる気満々の人を望んでいます」（大畑社長）

2020年度からは1時間単位で有給休暇が取得できる制度を採り入れている。その狙いについて、大畑雅敬専務が次のように語ってくれた。

「以前は、たとえばお子さんを病院に連れていきたいので2時間ほど仕事を抜けたいというときでも、半日単位で有給を取る必要がありました。1時間単位にすることで、使いやすく、自分の生活にも余裕を持つことができるようになります」

これら社内環境の整備が認められ、同社は、2017年から5年連続で健康経営法人に認定された。2017年には建設業としては全国で13番目のユースエール企業にも認定されている。若者の採用や育成、女性の採用や有給休暇の取得、時間外労働の削減などが認められたのだ。島根県が従業員の子育てを支援する企業に認定する「プレミアムこっころカンパニー」にも選ばれている。

大畑専務は同社と業界が向かう将来についても次のように語っている。

「建設業は仕事が大変でしかも危険、そんなイメージが根強く残っています。また働く人間も髪はグシャグシャ、ヒゲも伸び放題。でも、高校生や大学生に聞けば、まずきれいな会社で働きたいと言います。会社を訪問しても、まず目を向けるのが、オフィスがきれいかどうか、新しいかどうか、社員の服装や身だしなみが整っているか。まずそこから変えていかなければ」

建設業のイメージを変え、中身も大きく変えていきたい。職場環境の整備に力を入れるのはその第一歩。業界を変えていくことが自分たちの「使命」だともいう。

工事の仕事に話題を戻せば、山陰道の建設ではこれまでも多くの部分で参画してきたが、やっと自分たちのエリアまで工事が進んできた。当面の目標は、地元・益田市を走る「益田西道路」の工事に携わること。技術者集団として本領を発揮したい。

「自動車でサーっと通り抜けてしまえば多くの方は気づかないと思いますが、橋を支えるピア（橋脚）にしろ、ほかの工事にしろ、その管理は1ミリ単位で行います。山陰道は間違いなく１００年保《も》ちます」（大畑社長）

もう一つの大きな目標が「技術と経営に優れた企業」として「１００年企業」になること。同社は２０２３年に70周年を迎えるが、その30年先までの長期目標を策定し、持続できる企業を目指す。

大畑建設では、女性技術者を積極的に採用しており、2022年6月現在、5人の女性技術者が活躍している

技術力で社会に貢献する島根の注目企業

試験片製作、試験業務

株式会社キグチテクニクス

航空宇宙、自動車、エネルギー、医療……
世界トップレベルの材料試験で新しい時代を開く

安来市にある株式会社キグチテクニクスの本社

設立／1971（昭和46）年（創業1961〈昭和36〉年）
事業内容／試験片製作及び試験業務
資本金／1500万円
従業員数／180人（男性152人・女性28人）
所在地／〒692-0057 島根県安来市恵乃島町114-15
URL ／ https://www.kiguchitech.co.jp

世界三大航空機エンジンメーカーの認定を持つ企業

たたら製鉄が盛んだったことから、鋼《はがね》の街と呼ばれる安来市。この土地で創業し、材料の試験片加工から実際の試験まで一貫して行っているのがキグチテクニクスだ。

独立系の材料試験所としての設備の充実度は、国内有数の規模を誇る。高い技術が評価されて、航空宇宙、自動車、エネルギーなど、多彩な分野の企業から材料試験の依頼が持ち込まれる。

「弊社に実際に来て、場内の設備を見て、技術者の話を聞いていただければ、ほぼ発注していただけます」。そう自信を見せるのが会長の木口重樹氏だ。

キグチテクニクスの技術の高さがよくわかるのが、世界三大航空機エンジンメーカーの認定す

1

2

3

1 2021年秋に導入された試験片加工の全自動システム
2 株式会社キグチテクニクスの会長を務める木口重樹氏
3 精度が高く、世界でも圧倒的に高い信頼性を持つMTSの疲労試験機

べてを取得していることだろう。航空機のジェットエンジンの部品は、過酷な環境でも性能を発揮できる高い耐久性が求められる。そのため各メーカーともその試験には厳格な基準を定めている。

キグチテクニクスは、2014年にアメリカのGE Aviation社の試験所認定を取得したのを皮切りに、2015年には英国のRolls-Royce社の認定を、また2018年にはアメリカのPratt & Whitney社の認定を取得し、世界的な高い技術を持つことを証明した。やはり航空機のエンジン開発に携わるドイツのMTU Aero Engines社の認定や、フランスのSafran Aircraft Engines社の認定も得ただけでなく、国内メーカーのホンダジェットや三菱スペースジェット（MRJ）が開発してきた航空機の材料試験にも携わってきた。

これらの実績が大きな信用となり、自動車や発電所などのエネルギー分野の企業から多くの試験依頼を受け、難易度の高い要望に応えている。

日本刀の研磨の技を試験片加工に活かして

キグチテクニクスは、今から約60年前の1961年11月、重樹氏の父親である木口寿氏が興した木口研磨所が前身。6人の社員とともに新しい仕事に取り組む父親の姿を、当時、高校3年生だった重樹氏は、今でもはっきりと覚えているという。

「父はなんでも器用にこなしましたが、特に研磨の技術に非常に長けていました。それを活かして新しく事業を始めたんです。一方、私はというと大学へ進学しアルバイトをしながら悶々とした日々を過ごしていました」（木口重樹会長）

日本刀の研師だった寿氏はその技を活かし、当時の日立金属安来工場（現在のプロテリアル安来製作所）から高い精度が求められる顕微鏡検査用試料の研磨の依頼を受け、取り組んだ。

日立金属では特殊鋼を製造しており、中でも耐熱性が高く、高温にさらされる過酷な環境での使用に耐えられるニッケル基合金の製造が得意で、その試験の需要も高かった。だが、〝難削材〟として知られていたニッケル基合金は加工が難しく、試験片を作ることができるところは限られていた。それができた数少ない事業所の一つが木口研磨所だった。日立金属から厚い信頼を寄せられ、多くの依頼を受けることになった。

東京の大学に進学した重樹氏は、卒業後に帰郷して1965年から木口研磨所で働き始めた。社員は20人ほどに増えていたという。それほど頼られていたわけだが、一方では父親は悩みも抱えていたそうだ。

「売り上げを日立金属1社に依存していたため、日立金属の業績によりキグチの業績が左右されることに長く悩んでいました。このままでは将来はないと息子の自分でもわかりましたね」（木口重樹会長）

1971年、木口研磨所は株式会社となり社員は36人まで増えたが、寿氏は翌1972年に逝去してしまう。重樹氏が社長になるのはその10年後の1982年だが、その間、重樹氏は、自分より年上のベテラン社員とともに会社をいかに導いていくのかに悩み、信頼関係があってこそ人は動いてくれて、経営者は先を見通す力を持たなければならないと学んだ。

1982年、重樹氏は41歳で社長に就任すると、いよいよ会社を新しい方向へ導いていく。1988年には、試験片の加工だけでなく、試験そのものも事業として始めるべく試験部門を立ち上げた。1991年には、社名を株式会社キグチテクニクスに変更して、試験機を増設して試験部門の拡張を進め、2002年からは熱処理と腐食試験を開始した。

航空機業界の国際認証〝Nadcap〟の取得で国内外から注目

大きな転換点となったのが2003年、第三者の材料試験を始めたことだった。1社への依存から脱却し、取引先を増やしていこうとした。そのためISO9001と同14001の認証を取得し、関東事業所も設立した。2005年に疲労試験の業務を開始し、翌2006年にはそのための専用施設、疲労試験棟も新設した。社員は90人近くにまで増えた。

「ウチは試験所としては後発で、本社が島根にあるため（全国展開には）不利な面もありました。ならば、非常に高いレベルの技術を要求される航空宇宙の試験の認証を取ればどうだろうか。そうすればほかの業界からも仕事が来るに違いない。戦略的に取得したのがNadcapでした」（木口

重樹会長）

Nadcap（国際特殊工程認証制度）とは、航空宇宙産業に関わるサプライヤーの品質を維持するために設けられた世界的な認証プログラム。世界の航空機メーカーやエンジンメーカーは、必ずサプライヤーに取得するように求める。

特殊工程として熱処理やコーティング、溶接などとともに、材料試験が項目としてあげられており、認証を得れば、高い技術が世界的に認められるだけでなく、研究開発用の材料試験に限られていた仕事が、製品の素材試験にまで広げられる。

技術担当の専務取締役を務める武久浩之氏

事実、取得すると、国内の大手重工業メーカーからの仕事が増えたり、新たな試験依頼が舞い込んだりするようになった。

今までは、国内の企業が材料試験を行う場合、海外企業に依頼せざるを得なかった。キグチテクニクスがNadcapの認証を得たことで利用に弾みがついたのだ。

以後もキグチテクニクスでは、既述のように世界的な各航空機エンジンメーカーそれぞれの認定を取得していく。

高い技術の試験に挑んできた意義を、技術担当の専務取締役の武久浩之氏はこう語っている。

「現在、航空機のエンジンのブレードやディスクなどの部品の開発時の試験は、かなりの割合で弊社が行っています。人の安全に関わる一番重要な部品といってもいいでしょう。試験もその評価も難しいものですが、それによって得られたデータをもとに、航空機メーカーは部品を設計して、そのすべてが正しく組み合わさって初めて安全に空を飛んでいるのです」

材料試験は華々しい仕事というよりも「縁の下の力持ち」の仕事といえるだろう。だが、それがあってこそ誰もが安心して航空機を利用することができる。いかに重要な仕事なのか、その誇りがわかる言葉といえるだろう。

充実した試験設備と加工機器、全自動化システムも積極導入

こうしてキグチテクニクスでは、試験片の加工から試験そのものの実施まで一貫して行う体制を整えてきたわけだが、その過程で設備の充実も図ってきた。

独立した試験機関としては世界で5本の指に入るといわれるほどの規模を誇るのが、MTSの疲労試験機である。全部で約80台を擁する。

「試験評価の中でも機械試験、強度試験といわれるところがウチの強みです。MTSの疲労試験機は、航空機が飛行中にガタガタと揺れるような振動を再現した環境で精度の高い試験ができます。世界でも圧倒的に高い信頼性を持つ試験機です」（武久浩之専務取締役）

アジア圏でもこれだけの規模の試験機を揃えた検査機関はおそらくほかにはないという。事実、日本国内の企業ばかりでなく、アジアをはじめ海外企業からの試験依頼が増えている。

ＭＴＳの試験機と並んで、もう一つ誇れる設備がインストロン試験機だ。こちらは静的な強度を測るためのもので、インストロンはその中でもパイオニアとして、航空宇宙の分野で世界的に知られている企業である。

切削が難しい高硬度品や超合金などの微細加工ができるワイヤーカット放電加工機

クリープ・ラプチャー試験機は、試験片を一定の温度のもとに置きながら、長期間にわたって荷重を加え続けるなど、耐久性を測ることができる。キグチテクニクスは約３００台を保有しているが、中には摂氏８００度という高温下で引張試験を数年間続けている装置もある。それほどの期間、もしくはそれ以上の期間をかけて品質を確認する必要があるわけだ。

これら最新の試験機器とともに、試験片加工の分野でも最新の設備を揃えており、ワイヤーカット放電加工機はその一つである。通常、金属を切断するには、バンドソー（帯鋸盤）を使うが、加工する金属が高硬度品や超合金など〝難削材〟と呼ばれる金属ならば、文字通り〝刃が立たない〟。

そこで使われるのが、ワイヤー線に電流を流して加工物を溶融させながら切り取るワイヤーカット放電加工機。単に切断するだけでなく、自由な形に切断できる利点もある。小型の装置を15台保有するほか、2010年には世界最大級の大型加工機を導入した。

電気を通さない材料の切り出しは、ウォータージェットを用いる。高い硬度のガーネットの粉末を高圧の水とともに材料に吹き付けて切断する。

2021年秋には、試験片加工の全自動化システムも導入した。

従来、粗加工と仕上げ加工は、別々の加工機械を用いて人手でセッティングしていた。新しいシステムでは、あらかじめプログラムしておけば、加工そのものが自動化されるだけでなく、材料の取り付けや、治具の付け替えもロボットが行う。試験片の加工能力を一気に倍増させることができた。

絶対に「できない」とは言わない。どんなことも学び、挑戦する

「やったことがないからできません、ではいけません。やったことがないからこそ勉強して勉強して身につけていく。そんな気持ちが、新しい知識を吸収し、新設備や新技術を導入しようという原動力になっていきます」

未知の試験でも物怖じせずに挑戦せよと、重樹氏は社員を激励してきた。

試験片の作り方から試験方法まできっちりと定められている試験がある一方、特殊な環境下で使うことを想定した、まったく新しい試験を求められることがある。キグチテクニクスでは、そんな要望にも真摯に耳を傾け、応えてきた。

実際、多くの試験機の中には特別な配管が施してあったり、断熱材が巻かれていたりする装置が存在する。顧客の要望に応えるために作った特別な試験装置だ。

「船舶の材料の試験を依頼されたとき、海水に浸かった条件での強度を測るため、塩水をかけながら試験を行ったこともあります」。こんな事例を説明してくれたのは、総務部管理課管理係の係長の宮原竜也氏だ。どんな依頼であっても「やったことがないからできません」とは絶対に口にしない。どうやったらできるのか知恵を絞り、諦めずに取り組んでいくという。

「私たちの仕事は試験をして材料を評価することで終わりますが、材料が使用される期間はそれから数十年かそれ以上になるものもあります。数十年後であっても我々が評価した材料が壊れた際に、私たちの仕事が問われる可能性もあります。それほど責任があり、プレッシャーにもなりますが、それがまたやりがいでもあります」と、宮原氏は仕事の意義を語っている。

CFRP専門のファクトリーを開設、新分野に果敢に挑む

キグチテクニクスが、今新たに取り組もうとしているのが、屋外での試験や検査の分野である。

２０２０年に新設した構造診断サポート課では、ドローンを用いて老朽化した橋梁やトンネルの検査を計画している。同社が培ってきた試験の高い技術を、ドローンと組み合わせることで、日本各地で課題となっている老朽化する施設の検査に使うだけでなく、風力発電の点検など、高所の検査、試験にも応用できると期待している。

同社が挑戦しようとしているもう一つの分野がＣＦＲＰである。

プラスチックと炭素繊維を組み合わせた複合材料のＣＦＲＰは、軽さと強さを兼ね備え、しかも自由な形に成形できる。武久浩之専務取締役は、その可能性を次のように語っている。

「すでに飛行機は機体の半分以上がＣＦＲＰで作られている機種もあります。まだ高価なため、自動車ではレーシングカーや高級車など一部でしか使われていませんが、いずれブレークスルーが起きて量産されるようになるでしょう。ＥＶ（電気自動車）が主流になり、空飛ぶクルマも登場してくるでしょう。機体のさらなる軽量化が求められることは間違いありません。ＣＦＲＰが使われる分野は飛躍的に増えることが予想され、我々もそこへ力を注いでいきます」

２０２０年、キグチテクニクスは、ＣＦＲＰなど複合材料のための名古屋コンポジットファクトリーを愛知県春日井市に開設した。加熱・加圧してＣＦＲＰを成形するオートクレーブや熱プレス、カットマシンも備え、３Ｄプリンターによる造形法の提案も行うという。

名古屋コンポジットファクトリーは、試験片の加工から試験まで一貫して行うだけでなく、ＣＦＲＰを用いたものづくりの研究まで視野に入れた施設である。たとえば、義足は使用者一人ひとりに合わせた一品一様の設計で、しかも高い精度と品質が求められる。そのような新しい分野へも本格的に進出していきたいという。

「試験片加工から試験まで一貫した取り組みは弊社の根幹ですから、今後もしっかりと維持発展させていきます。一方、自動車の電動化や再生可能エネルギーの開発、水素社会の実現など、世の中はカーボンニュートラルへ向けてすさまじい勢いで変わり始めています。自動車のエンジンはいわば耐熱材料の塊で、弊社でもその材料試験に数多く取り組んできましたが、電動化によってそれも大きく変わらざるを得ません。従来の事業は当然大事にしつつも、新しい分野にどんどんチャレンジしていかなければなりません」（武久浩之専務取締役）

CFRPの成形や試験などが一貫して行える名古屋コンポジットファクトリーでの作業風景

2022年秋、キグチテクニクスは経営陣を一新して一気に世代交代を図っている。代表取締役社長に木口貴弘氏が就任し、新体制となった新しいキグチテクニクスの時代が始まろうとしている。

技術力で社会に貢献する島根の注目企業

半導体関連製品の開発・製造

シマネ益田電子株式会社

設計から製造まで一貫した態勢で
高品質な半導体デバイスや
半導体を使った部品及び
製品をスピーディーに提供
SME
益田市にあるシマネ益田電子の本社

設立／1984（昭和59）年8月1日

事業内容／半導体関連製品の開発及び製造

資本金／1億3350万円

従業員数／122人（2021年12月時点）

所在地／〒698-2144 島根県益田市虫追町ロ320-97

URL／https://sme-ltd.com/

半導体デバイス及び半導体を使った部品・製品の設計から製造までワンストップで対応

家電をはじめテレビ、オーディオ……。私たちの生活の周りにある機器に必ず使われている半導体。バイクや自動車にも、電車にも飛行機にも、医療機器にも、地球の周りを回る人工衛星にも、それらのどんな製品にも多くの半導体が使われている。

かつて世界中の製品にメイド・イン・ジャパンの半導体が使われるほど、日本の企業は半導体製造で世界のトップを走っていた。ところが、時代はすっかり変わり、その地位は海外企業に取って代わられている。

1 電子製品に使われるさまざまな半導体
2 回路の設計から完成まで、すべて1社で対応できるのがシマネ益田電子の強み
3 益田市内の河川の氾濫を防ぐために設置された水位計の開発にも参画した

だが、半導体を組み合わせて目的の部品や製品を作り出す技術は、まだまだ日本で生きている。それを担う一社が、島根県益田市に本社を置くシマネ益田電子である。

「回路の設計から半導体チップの調達、組み立て、特性検査そして完成まで、すべて1社で対応できるところが弊社の強みです」。同社の特長をひと言でこう語るのが、平谷太社長だ。

電車の速度センサーは、シマネ益田電子の技術で実現した半導体を使ったデバイスの一つ。

シマネ益田電子の代表取締役社長・平谷太氏

緻密なダイヤを運行していくためには、各電車の位置や次の駅までかかる時間、各電車の正確な速度などを把握しておく必要がある。車輪の回転から測る従来の装置では、空回りがあるため精密さを欠いていた。
そのような中で、シマネ益田電子は顧客企業とともに、得意とする高周波技術や高密度な実装に対する設計及び製造技術を駆使してオリジナルの製品を作り上げた。
また、製品の実現だけでなく研究分野への参画も行っており、熱を電気に変換する金属材料の研究で国立研究所に協力しながら、製品化されれば工場やオフィス、店舗など、広範囲で応用できると期待されている素材を使ったゼーベック効果を利用した熱電発電素子の試作などを行っている。

研究段階なので大量生産は不要だが、実際に使えるかどうかを確かめるため、一定数の製作が求められ、それに応えた。

苦労した出向、山あり谷ありの創業時代。一度は退社するも、同僚に請われ復職することに

シマネ益田電子は、1984年、益田の将来を担う産業を興したいと、地元でまったく別分野の事業を営む4人によって設立された。当初の社員は全部で13人、その中の一人が現在の平谷太社長だった。

入社早々、ほかの若い3人の社員とともに、同社とつながりの深い関西に拠点のある大手電機メーカーに出向。半導体の設計部門に所属し、半導体の製造を学んだ。

当時、話題になっていたのが衛星放送だ。地上から人工衛星に向かって電波を送れば、人工衛星はそれを地上の各家庭に送り返し、山や建物などに遮られることなく広域に電波を届けることができる。災害にも強い。1986年末にはNHK-BSの試験放送が開始され、期待が高まっていた。

衛星放送のために使われている高周波は、直進性が強く、情報を大量に送ることができる。だが、地上から静止軌道までは3万6000キロもあり、その往復で電波は微弱になってしまう。

シマネ益田電子設立当初の写真

そこで増幅する技術が必要になってくる。

「オーディオでいえばアンプですね。でも、アンプによっては音が割れたり、ノイズが発生します。よいアンプだと、ノイズが入らないように設計した質のよいトランジスタが使われています。衛星放送も同様です。微弱な電波を増幅してきれいに観たり聴いたりするには、高品質のトランジスタを作らなければなりません」(平谷社長)

出向先の電機メーカーは、電機業界の中でもトップクラスのエリート集団だったため、肩身の狭い思いもしたという。だが、出向していた4人は、懸命に働き、土曜日も一人の住まいに集まって独自の勉強会を続けたという。

「とにかくハングリーでした。実際、貧乏でしたし(笑)。でも、それがあったから今があるのだと思います」と平谷社長は当時を振り返っている。

益田に戻って大きく飛躍しようと4人で励まし合ったが、衛星放送のロケット打ち上げの失敗で、それにも影が差していく。半導体の生産は頓挫し、シマネ益田電子が計画していたビジネスも行き詰まってしまった。出向していた4人の給料も滞るようになった。

悩んだ末、平谷社長は会社を辞め、益田のショッピングセンターに転職した。同社がフランチャイズとして展開していた家電店に配属され、エアコンの取り付け工事で各家庭を回った。半導体の製造とはまったく縁のない仕事だったが、どこでも生きていける自信をつけることができたという。

10カ月ほど経ったある日、関西に一緒に出向していた同僚の一人が、家電店に顔を出した。後に2代目の社長となる人物だ。彼の話によると、出向中に開発に参画したトランジスタが製品化されることになり、評価しなければならないが、お前がいなければわからないから戻ってきてほしいとのことだった。平谷社長が辞めてから、会社は辛うじて持ち直し、それを製品化して出直しを図るという。

再びチャンスが訪れたと感じた平谷社長は、シマネ益田電子に戻ることを決めた。

高周波デバイスをコアに製造体制を充実

衛星放送に使われる高周波は、雨などの気候による影響を受けやすい。ノイズの少ない低雑音のトランジスタは必須だった。特別な回路を設計し、それを円盤状のガリウム砒素《ひそ》ウエハーに焼き付ける。そこまでは大手電機メーカーの役割だ。

シマネ益田電子ではそのウエハーを受け取り、一つひとつの回路(チップ)を切り出し、配線して、専用のトランジスタとして完成させる。できた回路を保護するため樹脂などで「封止」し、最後は性能のテストも行う。

「基本性能はウエハーの段階で決まりますが、その特性を落とさず、降雨や風雪などで電波が伝わりにくい環境でも、最高の品質で動作させるため、配線などの接合一つとってもしっかりと作り込まねばなりません」(平谷社長)

良質の低雑音トランジスタにするためには、回路の質はもちろん、トランジスタに完成させるまでの製造の質も問われる。

その後も高周波に関連した製品の製造は、シマネ益田電子の主力事業となり、2010年前後まで続いた。ただ2000年前後までは、取引先は大手電機メーカー1社だった。半導体に限らず、日本の多くの業界ではまだ「護送船団方式」が有効な時代だった。

ところが2000年以降、それが通用しなくなり、船団を率いていた大手企業も、グループ内の企業に自立を促すようになった。シマネ益田電子でも、独自に取引先を開拓していくことになった。

衛星放送で注目を集めた高周波は、その後、携帯電話やスマートフォンの普及によって、多くの人が利用するようになった。また無線LANの普及も進んでいく。シマネ益田電子でも、これら携帯電話やスマートフォン、パソコン、その周辺機器などコンシューマー向けの製品に組み込まれる高周波関連のデバイス製造に力を注いでいった。

だが多くの企業が参入するようになり、特に海外企業が入ってくるようになると、価格競争が激しくなった。安売り競争を続けても先はない。独自の付加価値を持てるビジネスをしなければならない。新たな方向を考える必要がでてきた。

コンシューマー向けのデバイス製造から五つの専門分野への大転換

シマネ益田電子の強みは、ウエハーを受け取って小さなチップに切り出したものを基板に実装、配線して、完成まで一貫して作り、さらにはテストまで行いエンドユーザーに直接届けることができること。この強みを活かし、付加価値の高いビジネスとして現在、狙いを絞っているのが、それまでのコンシューマー向けのデバイス製造から大きく転換を図る五つの専門分野である。

一つ目が、産業機器向けの半導体デバイスの製造だ。

シマネ益田電子が製品開発に参画した電動アシスト自転車で用いられるトルクセンサーは、すでに海外で普及が進んでいる。電動アシスト自転車は、使用者がペダルを踏み込んだとき、一定の負荷（トルク）がかかると、モーターが動き出し、使用者の負荷を軽くしてくれる。開発したトルクセンサーは、ペダルを踏み込んだときの金属のわずかなたわみで負荷の大きさを察知する。電動アシストのユニットの部品として組み込まれている。

新型コロナウイルスの蔓延により、世界中の人々が電車などの公共交通を避け、自転車を利用し始めた。特にヨーロッパではその傾向が強い。健康に対する意識の高まりと趣味としての需要も高まりつつあり、全世界へ普及していくと期待されている。

二つ目が、医療の分野である。

麻酔のための機器や人工呼吸器など、医療分野ではガス類や酸素などを一定量、送り続ける装置が欠かせない。そこで必要になるのが流量センサー。胃カメラの目となる先端のカメラも半導体を用いたデバイスだ。いずれも回路設計から完成品まで丁寧なつくりと高い品質が求められる。一貫した製造体制を持つシマネ益田電子だからこそできる分野だろう。

三つ目が自動車関連。現在も自動車には高周波のレーダーが搭載され、障害物を感知して知らせたり、道路から外れないように警告を出してくれる。今後はこれらレーダーとセンサー類を駆使した自動運転も進んでいくと考えられる。そこで求められるデバイスの製造を狙う。

四つ目が宇宙防衛分野。かつて宇宙開発や防衛産業に携わるのは一部の大手企業で、半導体を含め技術開発は非公開だった。だが、近年はコストダウンのため民生用の技術を採り入れる傾向があるため、そこに参入していく考えだ。衛星放送に使われる高周波の低雑音トランジスタはじめ、この分野はシマネ益田電子の得意分野である。

五つ目がインフラ系。携帯電話の電波は5G時代になり、各キャリアはその普及を競っている。携帯電話やスマートフォンで使われるデバイスはもちろん、新たな基地局に使われる機器にも専用の半導体デバイスが必要になる。

「このような半導体がほしいと設計図を用意され、それを受け取ってその通りに大量生産する〝半導体屋〟ではなく、こんな製品をやりたい、どうすればいい？　という相談から受けて、当社で設計、その後の製造まで行う〝完成品屋〟を目指します。文字通り、企画・設計から製造まで一貫して作り上げていきます」（平谷社長）

目標は「テーマＰＵＬＬ型」の事業。課題やテーマを設定し、その解決のため半導体デバイスの設計・製造はもちろん、その活用にも関わっていく。

２０１８年には、地元で「テーマＰＵＬＬ型」のプロジェクトを成功させた。益田市でスマートシティを実現しようという「ＩｏＴ益田同盟」として取り組んだ「防災ＩｏＴセグメントの実証実験」だ。

いつでもどこでも益田市内の水路や河川の水位を正確に把握できる水路氾濫予知システム

益田市の長年の課題の一つに、河川の氾濫による水害がある。大雨が降るたびに市の職員が市内の河川や水路を見回り、水門を調整するなどして対応していたが、限界があった。

そこでシマネ益田電子、ほか2社が中心となり、プロジェクトチームを作って水位計を開発し、益田市内の水路と河川の計6カ所に設置して、常に水位を測れるようにした。さらにデータを無線で飛ばして、いつでもどこでもスマートフォンで水位を把握できるようにした。

職員による水路や河川の巡回は時間がかかる上、夜間などは見えにくく正確に水位を把握することは難しい。大雨のときは危険も伴う。だが、この装置を設置したことで水路や河川の状況が正確につかめ、緊急時の水門の開閉の判断も迅速にできるようになった。

益田は利便性ものづくりの場としても抜群の環境

現在もシマネ益田電子では、「テーマＰＵＬＬ型」事業のテーマを求めて社内で実験を続けている。

工場で行われているのが、これまで社員が測定していた室内の温度と湿度を、センサーで監視できるようにして、室内環境を自動的に制御していく実験である。半導体製造に携わる大手企業ではすでに行われていることだが、今後は中小企業でもそのニーズが広がり、ほかの分野の産業でも求められていくはずだ。社内の実験でニーズを見極め、それを満たす実用的なモジュールにまで形作っていきたいという。

現在、シマネ益田電子で研究開発に携わるエンジニアは20人、多様な経歴を持った人材が集まっている。また、社内には半導体デバイスを使った自社製品開発やロボットを使った生産装置の開発用ラボがあり、必要なときには社外の専門家のアドバイスを得ながら、新しい分野の製品開発に取り組むことができる。

「いろいろな分野で研究されている方々に来てほしい。実際、東京や大阪に住んでいる方が技術顧問として当社を訪問してくれています。島根の端にあって不便に思えるかもしれませんが、当社は萩・石見空港から車で10分、実は交通の利便性は抜群です。普段はオンラインでコミュニケーションして、必要ならばここへ集まり一緒に話をしながら、新しいものを作り上げていきたいですね」と平谷社長。

開発用ラボでは、地元高校の課題研究の支援などの地元貢献の取り組みも行われている

地方だから先端のものづくりにハンデがあるわけではない。むしろ益田は年間を通して暖かくて過ごしやすく、地震などの天災のリスクも小さい。腰を据えて先端分野の研究開発をするには最適な場所だという。

「社員にとってはこの会社が益田にあって本当によかったと、誇りを持てる会社でありたいですし、また、ほかの地域へ出ていった人たちにも、もう一度益田を見直してほしい。そして地元へ帰ってきたいと思ったとき、その受け皿になれればと思っています」（平谷社長）

好きな益田がもっともっと豊かになってほしい。そう願いつつ毎日の仕事に取り組んでいる。

技術力で社会に貢献する島根の注目企業

特殊鋼精密加工

株式会社守谷刃物研究所

「たたら製鉄」の伝統と技術を受け継ぐ
特殊鋼の精密加工で新時代の先端を走り続ける

安来市にある株式会社守谷刃物研究所の本社

設立／1956（昭和31）年1月

事業内容／自動車搭載用ベーン、積層モーターコア、風力発電ブレード・落雷対策部品等の試作開発支援、精密機械加工

資本金／1000万円

従業員数／215人

所在地／〒692-0057 島根県安来市恵乃島町113-1

URL ／ https://www.moriyacl.co.jp/

伝統の「たたら製鉄」の技術を引き継ぐ特殊鋼とともに

島根県の東端、鳥取県との県境に位置する安来市。その南、奥出雲では良質な砂鉄が採れることから、古くから「たたら製鉄」が盛んに行われてきた。

粘土製の炉を用い、炭火で砂鉄を溶かして作る鉄は純度が高く、明治以前までは、日本の鉄生産のほぼすべてを占めていたといわれる。

中でも、最高品質の玉鋼《たまはがね》（不純物の含有量が極めて低く、炭素を微量に含んだ鉄）は日本刀の材料として、安来港から全国に向けて出荷されていた。

明治時代になると官製製鉄所が作られ、鉄の生産は鉄鉱石を原料にした高炉による大規模な製

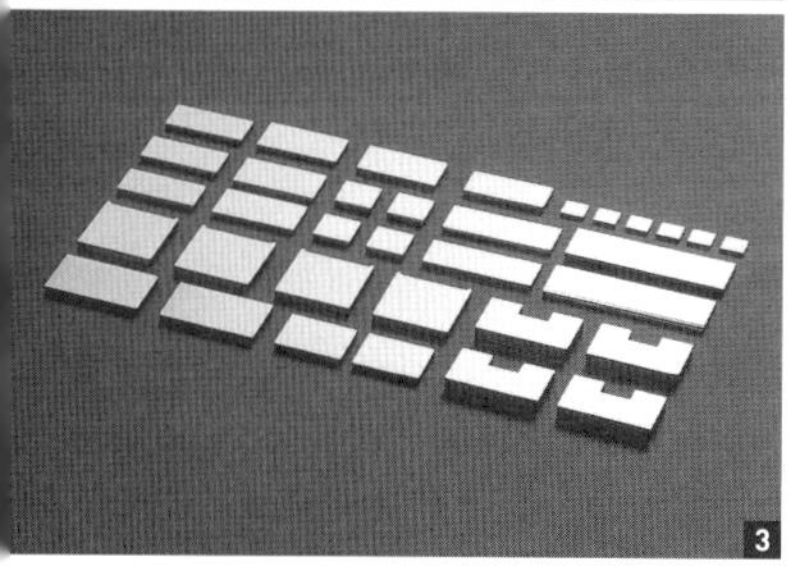

1 たたら製鉄の技術を受け継ぐ特殊鋼を使った、精密部品の加工を得意としている

2 株式会社守谷刃物研究所の代表取締役・守谷光広氏

3 自動車の油圧装置に使われるベーンは、世界のトップシェアを誇る

鉄に移っていく。そんな中、安来市の守谷刃物研究所は、「たたら製鉄」の技術を受け継いだ鋼にこだわり、それを用いた特殊な部品の試作や製造に携わってきた。

「鉄はいろいろなものを溶け込ませて、多様な性質を持たせることができる金属です。地球上で最も多い元素ともいわれ、手に入れやすく、加工もしやすい。夢のような素材ですね」

鉄をはじめ金属の可能性を熱く語るのは、守谷刃物研究所の守谷光広社長だ。

「たたら製鉄」で生産される鉄は、粘り強さと耐久性を併せ持つ優れた性質を備えるが、人手でしか作ることはできなかった。それを近代化した設備で製造できるようにしたのが、日立金属安来工場（現・プロテリアル安来製作所）である。

鉄にほかの元素を添加すれば、硬度や粘り強さはもちろん、耐磨耗性や耐熱性、耐食性など、用途に合わせて特性を強化した素材を作ることができる。現在、それらはプロテリアルが作る特殊鋼として世界的に知られるようになった。守谷刃物研究所は、その優れた素材を用いて、自動車、航空、宇宙、医療など幅広い分野の精密部品製造に携わっている。

現在、同社の売り上げの5割近くを占めるのが、油圧装置であるベーンポンプに使われる「ベーン」の製造だ。世界のトップシェアを占める。

「ピストンを用いた通常のポンプでは、ピストンが上下するために脈動——圧力の変化が起こります。それを回避して連続的に液体を送り込めるのがベーンポンプです。1台にベーンという小さな板を10枚ほど使っています」（守谷社長）

自動車でパワーステアリングやCVT（連続可変トランスミッション）などの動力となっているのが油圧装置のベーンポンプだ。

回転するローターに取り付けられているベーンは、見た目は小さな金属の板だが、その厚みは1000分の1ミリメートルの狂いも許されない。また、ポンプが運転中は絶えずローターと接触しながら動き続け高温になるため耐熱性も求められる。特殊鋼を加工することで、堅く摩耗しにくく、熱にも強いベーンを作ることができた。

ベーン製造のため、守谷刃物研究所では特殊な製造機械を揃えたが、自社開発の自動寸法測定装置も開発して、ベーンの全数測定も行っている。

精度の高い加工技術が認められている製品はほかにもある。造幣局の依頼で製造しているコインパンチもその一つ。金属の板から丸くくり抜いた硬貨の素材に対し、上からハンコのように押し当て、表面に模様を刻みつける製品である。

コインパンチには、変形しない堅牢さと摩耗しない耐久性が求められることはもちろん、堅牢なコインの素材に対して模様をつけるための繊細な加工も必要になる。

「時間をかけて加工すればできますが、それではコストが合わない。かといって加工が乱暴ではそのときにできた傷が原因で（コインパンチは）割れてしまいます。割れにくい素材を選び、スピーディーに精度高く加工していく……。日立金属さんと協力しながら10年がかりでやっと造幣局の認定をもらいました」（守谷社長）

日本でコインパンチが作れるのは、民間企業としては守谷刃物研究所1社だけだという。

日本刀に魅せられた祖父・善太郎氏が1956年に守谷刃物研究所を設立

守谷刃物研究所を設立したのは、現在の守谷光広社長の祖父、守谷善太郎氏だ。

岡山県で生まれた善太郎氏は、商業学校を卒業後は一時電気技師として勤めていた。元々骨董が好きで、特に日本刀の魅力に惹かれたという。人と違っていたのは、収集したりするだけではなく、自らそれを作り始めたことだった。

「非常に器用な人だったと聞いています。普通は、刀鍛冶に弟子入りして何年も修業して一人前になるのでしょうが、刀鍛冶のところで何回か見学し、見よう見まねで日本刀を作るようになったそうです。玉鋼から鍛造して焼き入れまでの刀身を作る刀鍛冶の仕事だけでなく、刃を研ぐ研ぎ師の仕事も、また鞘《さや》を作る装具士の仕事も、一人でこなしたと聞いています」(守谷社長)

鞘のような曲面加工には特殊なカンナが必要だが、それも自作したという。

戦時中は朝鮮半島へ渡り、そこで軍の指定工場として日本刀の工房を職人たちとともに経営していたが、日本の敗戦により無一文で帰国せざるを得なかった。自分の技術を活かせるところへと移ったのが、島根県の安来だった。

安来では、高炉による製鉄に押され、衰退の危機にあった「たたら製鉄」の技術を守るべく、

1899年、地元の人たちによって雲伯鉄鋼合資会社が設立される。スウェーデンから技術を採り入れて、製法の近代化を図っていた。

善太郎氏が安来へ来た終戦直後の1945年12月当時、同社は日立製作所安来工場となっていたが、善太郎氏は、刃物の商品開発を担当するために置かれた刃物研究所の所長として赴任した。その後、そこの専属協力工場として「守谷作業所」を立ち上げた。1953年のことである。日立製作所安来工場が作る鋼を素材に、刃物などを加工する仕事だった。

守谷刃物研究所を設立した守谷善太郎氏。現社長·光弘氏の祖父にあたる

1956年、日立製作所安来工場はほかの五つの工場とともに日立金属となり、刃物研究所を閉鎖することになった。善太郎氏は当時の刃物関係を製作する仕事を引き継ぐ形で独立を決意。同年、新しい会社として「守谷刃物研究所」を設立した。

当初は日立金属の下請けとして、主に縫製工場向けの刃物の製造に携わっていたが、さまざまな鋼種が開発されたことで産業用の仕事が広がり、守谷刃物研究所は発展を遂げていく。

日立金属の作る刃物鋼は特殊鋼へと用途を広げていくが、そのため素材の性能が向上した分、難加工材となった。こうして素材の製造は日立金属安来工場（現・プロテリアル安来製作所）、部品までの加工は守谷刃物研究所というある種の役割分担ができていった。

絶対に壊れてはいけないゴンドラの滑車の製造も担う

「図面があればたいていのものは作れます。試作も得意ですし、量産もできるところが、当社の大きな特徴です」（守谷社長）

守谷刃物研究所では、特殊鋼の高品質な素材を活かすため、精密加工ができる特殊な工作機械や技術者を数多く揃えている。試作の依頼は多く、その都度時間をかけて正確に作っていく。その出来映えに満足した取引先は、次からは大量生産を求めてくる。

試作と大量生産では、作るものが同じであっても作り方はまったく違う。守谷刃物研究所の大きな特徴は、それを両立させているところである。既述のベーンやコインパンチの製造がいい例だろう。どちらも精密な加工が必要で試作から始め、やがて大量生産に移った。

同じような例は、ほかにもある。

現在の自動車は高度に電子化され、車内のあちこちに電機・電子機器が備わっている。それらに電気を供給したり、信号を伝えるケーブル類は、接続金具のついたワイヤーハーネスでまとめられている。ケーブル内のワイヤーは、ビニールで覆われていて、中には髪の毛ほどの細さのものもある。それをケーブルから出すにはビニールを剝く必要がある。守谷刃物研究所では、そのための刃物も製造している。

「刃先を鋭利な形に加工する必要がありますが、同時にその寸法の精度も求められます。その両方を満たし、なおかつ量産するためには、非常に高度な技術が必要です」（守谷社長）

ビルの窓掃除に用いるゴンドラの滑車も特殊鋼で作られている。

滑車は、ゴンドラを上下させるため、ワイヤーをスムーズに送り出したりたぐり寄せたりするのに欠かせない。万が一滑車が壊れてしまうと、ゴンドラが動かなくなるどころか、最悪、人身事故を起こしてしまう。かつて、滑車は鋳物で作られていたが、割れたことがあったため、特殊鋼に白羽の矢が立った。

精密な加工技術は、鉄以外の金属でも応用することができる。守谷刃物研究所が、国内で先駆けて行ってきた人工関節のためのチタン合金の加工はその一つである。

かつて人工関節はステンレスで作られていたが、日本人の小さな身体でも負担がないよう、軽量なチタンが注目されるようになった。だがチタンは堅く難削材として、どの会社も加工ができなかった。それに守谷刃物研究所が挑戦して実現した。

現在では、加工工具の発達でチタンを加工できる企業が増えたため、価格競争が激しくなり撤退したが、30年近く製造し続けたという。

価格競争で勝負をせず、付加価値の追求で勝機を見出す

高品質な素材を対象に、精密な加工を施す。かつ、それを量産する。よそではなかなかできない、付加価値の高い仕事を追求してきた守谷刃物研究所。

だが、一方では熾烈《しれつ》な価格競争にさらされてもきた。

「ビデオデッキのモーターシャフトを作っていたこともあります。直径6ミリメートル、長さ120ミリメートルの棒状のものですが、直径や円筒度に0・5マイクロメートル（1000分の5ミリメートル）の寸法精度が求められました。精度が低ければ、磁気テープを読み取るヘッドが揺れて画像が乱れてしまうのです」（守谷社長）

初めて製造を依頼されたのは45年ほど前、テレビ番組を録画したり、映画などを鑑賞するため、ビデオテープとビデオデッキが普及し始めた頃のことだ。

シャフトは長時間回り続け、何年にもわたって使われるが、金属は精錬したり加工したりする際、受けた力を「歪み」として中にため込んでしまう性質がある。その歪みは表面からはわからないため、正確に加工しても何年も経って変形することがある。素材を提供する日立金属とともに、歪みを少なく仕上げた素材、歪みの少ない加工方法を開発し、求められる要件に応えた。

また、精密加工で量産もしなければならず、特別な工作機械を導入した。製造は多いときで月に100万本に及んだという。だが、やがて同業他社が同じ工作機械を導入し始めたことで価格

競争が始まった。

「設計技術も進んで、モーターシャフトは120ミリメートルもいらなくなりました。短くなれば歪みによる変形も少なくなり、精密な加工技術もいらなくなります。海外企業も参入して、気がつけば最初の価格の30分の1にまで下落していました。それで撤退することにしました」(守谷社長)

多くの製品が同じ運命を辿るという。特に、家電製品にはライフサイクルがあり、当初は精密な部品が必要とされても、やがていらなくなることは多い。

製造に参入する企業も増え、価格競争に突入するが、守谷刃物研究所はそこにとらわれずに撤退を決断する。

悩むよりも、これからどのような分野の製品が伸びていくのか――先を読み、「付加価値を認めていただけるお客さんをどう探すか」(守谷社長)が大事だという。

新合金、アモルファス……、先端研究にも携わって

現在、守谷刃物研究所の研究開発課では、銅と炭素の合金の用途研究が進められている。

炭素と銅は簡単には融合しない。ところが、粉末にして熱と圧力をかけ電圧をかけていくと、通電した部分が局所的に発熱して溶け合い焼結体ができる。電気を通す銅と、熱伝導性に優れた

炭素の両方の性質を備えた物質となる。

「応用の一つが風力発電のアースのための素材です。落雷時、アースには瞬間的にものすごい電流が流れ、熱も出ますが、多くの風力発電機はヨーロッパで設計されているため、日本のような湿度の高い環境では、雷のパワーが大きくなり機材が損傷してしまうことがあります。特に日本海側でその現象が顕著に見られます。この素材を使えば、電気も熱もうまく逃がすことができます。

もう一つ考えられるのが、半導体の冷却の素材です。半導体は熱に弱く、わずかに温度が上がるだけで性能や寿命がガクンと落ちてしまう。性能のよい冷却素材があれば、性能も寿命も向上させられます」(守谷社長)

アモルファス合金にも注目している。

現在、島根県、島根大学、守谷刃物研究所、プロテリアルなど、産官学によるプロジェクトとして進むのが、アモルファス合金を用いたモーターの開発だ。

通常、金属は小さな結晶が集まった多結晶構造になっているが、溶かした金属を急冷させると、結晶ができずに元素が無秩序に並ぶアモルファスになる。通常の金属とはまったく違う電気特性を備えるようになり、それをモーターの材料に用いれば、エネルギーロスを格段に低く抑えた製品を作ることができる。

現在、世界の電力の半分がモーターで消費されているといわれているが、今後、電気自動車が急速に普及すると、さらにその割合は高くなっていく。未来に不可欠な技術開発に、守谷刃物研究所は関わっているわけだ。

「この地域には〝たたら製鉄〟の流れを汲む鋼の製作からその加工まで、鋼の性質を活かすものづくりのノウハウ、加工技術を持った人たちが大勢います。それが、当社が安来で操業を続けている大きな理由です。すぐそばでは特殊鋼を提供いただいているプロテリアルさんが24時間体制で操業していることも心強い要素です」（守谷社長）

新しく入ってくる人たちにも、そんなものづくりの情熱を持ってほしい。

「たとえば、料理が好きな人がいれば、食べることが好きな人もいる。ウチに合っているのは、料理を作ることに興味がある人、あるいは料理を作ることを理解して、作る人たちを補佐してくれる人。そんなことに喜びを感じられる人、ウエルカムです」（守谷社長）

この土地で引き継がれてきた「たたら製鉄」の伝統と技は、新しい技術と融合して時代の先端を牽引しようとしている。

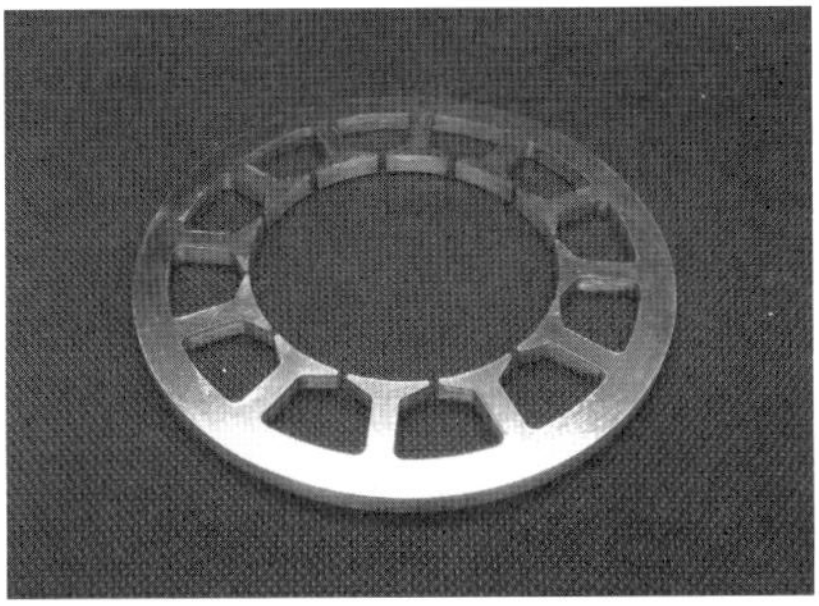

産官学によるプロジェクトとして、アモルファス合金を使ったモーターの開発にも関わっている

厳しい環境だからこそ地域に寄り添う「伴走支援」を

日本海信用金庫　理事長　徳富悠司氏

「せがれ塾」の開催、「石見子供神楽どんちっち祭り」の支援など、地元企業の後継者を育て、伝統産業や伝統芸能を活かし、地域の事業者の「伴走支援」を続けているのが日本海信用金庫だ。人口減、高齢化、若者離れはここでも顕著だが、県西部に本店を構える唯一の金融機関として、小粒ながら強固な経営基盤を持つ信用金庫となり、地域と一体になった取り組みで、新しい局面を切り開こうとしている。

「金融支援にとどまらず、地域のみなさんと一緒に課題解決に取り組みたい」と語る徳富理事長

経営者と信金職員がともに後継者問題に取り組む「せがれ塾」

──まず日本海信用金庫の特徴を教えてください。

島根県西部地区を主なエリアとして活動しています。創業以来、相互扶助という形で地域に根ざして営業展開してきました。地元のお客さまにしっかり寄り添うことが強みと自負しています。役職員もほぼ全員が石見地方で暮らしています。町内活動やＰＴＡ活動など普段の生活でいかに地域貢献できるのか。また、その思いを当金庫としてどのように形にできるのか。常々、語り合いながら仕事に取り組んでいます。

──島根県西部の経済状況はいかがですか？

県の中でも西部地域は人口減少がより著しく、事業所の減少も見られます。多くの企業が厳しい経営環境にさらされていることは間違いありません。大きな課題が後継者問題です。約千社を対象にしたアンケートでは、42％の事業所が廃業を考えているという衝撃的な結果も出ています。しかしだからこそ我々の責任、使命もまた大きいといえます。

──「せがれ塾」が好評と聞きました。

地元企業で培われてきた有形無形の資産を引き継ぎ、今後もこの地域でずっと活かしていきたい。言いにくいことも言い合える場を作ろうと、当金庫で発足したのが後継経営者育成塾「せがれ塾」です。
経営者としての見識や知識を学ぶ場ですが、当金庫の職員も一緒に勉強して人材育成を図っています。２０２１年度まで９期を終え、延べ１５２人の卒業生を出しました。２０２２年現在も10期の14人が中期経営計画を作成したり、第二創業を企画したり、真剣に取り組んでいます。

地元の中小企業や零細企業の後継者育成のためにさまざまな支援を行っている「せがれ塾」

地元の資源・伝統を活かした先進例も生まれて

——成果はいかがでしょうか?

たとえば、地元の練り製品として全国的に有名になったのが「赤天」です。ピリ辛味が絶品で、ご家庭でも居酒屋でも人気の商品ですが、現在、その製造を担う会社の後継者の方が「せがれ塾」で学び、商品も会社も、より発展させようと奮闘しています。

また、この地方の伝統の焼き物で「石見焼」が代々伝えられてきました。独特の陶土で高温で焼成させて作るため非常に堅牢なものができ、従来は、水がめやすり鉢など大型の製品が数多く作られていました。

現在、その需要は減りましたが、石見焼を扱う会社では、時代に合わせて小さめのおしゃれなデザインのすり鉢を作ったところ好評で、今はそれを土台に新しい市場を開拓しようとしています。

このように、時代に合わせたキラリと光る取り組みが増えていますね。

——職員が塾に参加されている効果は？

職員が経営者と直接コミュニケーションでき、何かあれば真っ先に相談していただけるようになりました。塾生同士やOBも含めたネットワークを強化して、新しい発想で市場を開拓したり、新商品を開発したりできる場も検討していきたいと思います。

毎年開催される「石見子供神楽どんちっち祭り」でもさまざまなサポートを行っている

子供たちの日頃の練習の成果を存分に披露、伝統芸能「石見神楽」の「どんちっち祭り」を支援

後継者不足は、石見の伝統芸能「石見神楽」でも同様です。そこで子供たち自身が神楽を舞う「石見子供神楽どんちっち祭り」を毎年1月に開催しています。

子供たちは本当に神楽を舞うのを楽しみにしていますね。信用金庫の職員は準備に携わったり、神楽で用いる「鬼棒」を竹で作って配ったり、裏方として支えています。

――今後の日本海信用金庫の展望を教えてください。

厳しい環境ですが、みなさん、社会の変化を見つめ直して、持続的な企業として生き残っていただきたい。また、そのため当金庫自身、お客さまの立場になって、ともに課題解決を図りながら、確かな経営基盤を築いていきます。

デジタル化、キャッシュレス、非金融機関との連携など課題は山積していますが、それらに取り組みつつ、金融支援は当然として、さらに地元のみなさんとともにあらゆる課題解決を図っていきます。「伴奏支援」はもともと我々の得意分野ですが、職員の能力、スキルの向上を図り、さらに強みにしていきたいですね。

――ありがとうございました。

日本海信用金庫
（2022〈令和4〉年3月末現在）

創立／1923（大正12）年12月28日
店舗数／10店舗
純資産額／54億100万円
常勤役職員数／108人（男性：60人、女性：48人）
所在地／〒697-0027 島根県浜田市殿町83番地1
URL ／ https://nihonkaishinkin.co.jp

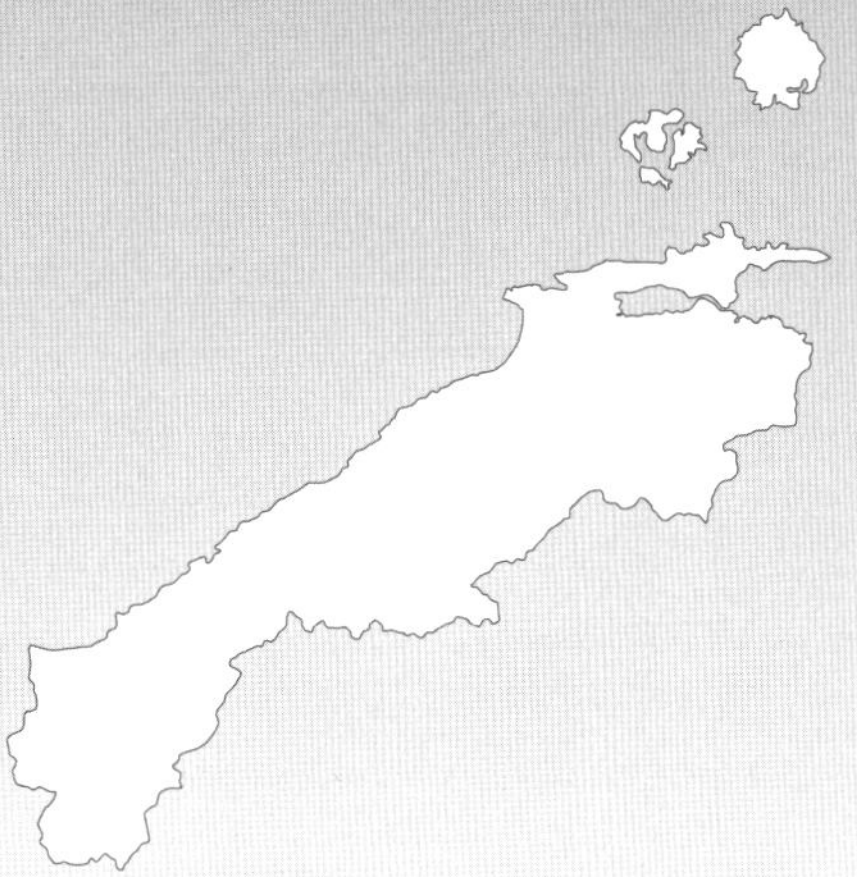

第2章

文化・教育に力を注ぐ島根の注目企業

保育

社会福祉法人愛耕福祉会

保育園は地域の資産。働きやすい環境づくりによって職員も子どももいきいき、のびのび成長できる場に

2018年4月に開園したみなみかも保育園

設立／2015（平成27）年3月10日
事業内容／保育園の運営、病児病後児保育室の運営ほか
従業員数／84人
所在地／〒699-1104　島根県雲南市加茂町南加茂41-3
URL ／ https://www.aikofukushikai.org/index.php

水田の中に突如現れる可愛らしい保育園!?

横に細長く伸びる島根県。その東部、出雲市と松江市の南に位置する雲南市。多くが山林に覆われ、河川沿いに集落や水田が集中する土地だが、出雲や松江から向かって山道を越え市内の北部に入ると、突如、田舎には似つかわしくない真新しい建物が現れる。みなみかも保育園だ。

広い園庭の向こうに平屋の赤い屋根の園舎が延び、そのちょうど真ん中に突き出た小さな三角屋根が可愛らしい。愛耕福祉会が運営する三つの保育園の中の一つで、2018年4月に開園したばかりだ。

1 園児の祖父母を招待したぶどう狩り体験は大好評
2 愛耕福祉会で特に力を入れている「食育」活動の様子
3 地域の食文化を肌で感じてもらう田植え体験

「理事会では役員にずいぶん反対されました。子どもは少なくなっているのに、こんなに大きな建物建ててどうすんねん？　って（笑）。でも、ありがたいことに、すぐにお子さんたちは集まり、2年目には黒字、現在も運営は順調です」

こう振り返るのが愛耕福祉会の白根康久理事長だ。

現在、愛耕福祉会では、このみなみかも保育園のほか、雲南市の委託により雲南市立かもめ保育園と雲南市立大東保育園の2園を合わせ、計三つの保育園を運営している。

少子高齢化は雲南市でも例外ではなく、高齢化率（65歳以上の比率）は4割に届く。「こんなところになぜ大きな保育園？」という懸念はもっともだったが、杞憂に終わったのは、この立地が、出雲市や松江市へのちょうど出口にあたり、市外へ通勤する若い夫婦が子どもを預けるのに最適だったからだ。

だが、それだけではない。白根理事長が先頭になって、保育園を子どもたちにとって魅力的な場へ、また職員にとって働きやすく、働きがいのある場へと変えてきたことが大きい。

年間にわたって子どもたちに「ホンモノ体験」を

同福祉会すべての保育園では、自然に恵まれた保育環境を活かし、年間にわたって直接体験や感動体験ができる多くの活動を取り入れている。雲南市は地域住民の保育園への関心が高いのが特徴で、あらゆる世代や団体との交流が活発だ。たとえば、みなみかも保育園では毎年5月、子どもたちが地元で活動する「柿&芋同好会」の畑を訪れ、秋の収穫を楽しみにさつまいもの苗を植える。

6月には「農事組合法人南加茂」の協力を得て田植えを行い、7月からは島根県ソフトボール協会の協力でソフトボール教室「ＡＳＯＢＡＬＬ（あそボール）」を開催する。8月には川遊び、9月には春に植えたイモの収穫などと体験活動は続き、秋には「柿&芋同好会」の協力で柿を採り、持ち帰って干し柿にして食べている。

年間にわたってあちこちへ出かけたり来園してもらったりして、地元の人と身近に関わり、そして温かさに触れながら、地元ならではの体験をしているのだ。「この保育園の子どもたちは、地域の方々に心から愛されているんだなと実感しました」とみなみかも保育園の元園長・﨑山隆子さんは話す。﨑山さんは雲南市の幼稚園と保育園で計36年、子どもたちと向き合ってきたあと、２０１９年から愛耕福祉会で働いていた。

「お孫さんと一緒に時間を過ごせて、本当に喜んでもらえました」

﨑山さんがこう言うのは、２０２０年の秋に行ったぶどう狩りのことである。子どもたちにぶどう狩りを体験してほしいと思い、市内のぶどう農園でぶどう狩りを企画したが、孫の送迎などで子育てにも一役かっているおじいちゃん、おばあちゃんとのふれあいの時間をもたせたいと考え、招待することにした。

「普段からお孫さんが保育園で友だちとどう過ごしているのか、おじいちゃん、おばあちゃんたちもきっと知りたいと思ったんです。（新型コロナの感染防止に）神経を使いましたが、参加されたみなさんからゆったりと孫と関わることができ、また、なかなか体験できないこと（ぶどう狩り）をさせてもらい、とても幸せな時間を過ごせたという感想をたくさんいただきました」

迷ったときは「子どもたちにとって」を第一に

子どもたちにとって、この地域ならではの「ホンモノ体験」をさせてあげることに価値がある。﨑山さんはそう考え、アイディアをどんどん実現してきた。体験型の年間行事はその一例だ。

職員たちにとっても体験が何よりと、﨑山さんは実践型の研修に力を入れていた。

「私どもの保育士が、雲南市内の保育園に実習参加できるようお願いしています。1日限りではなく2日間続けてほかの保育園の先生の保育を見て、自らもそこで保育士として体験します。そして、自園に帰ってきてから報告する場を設け、職員間で学んだことを共有するようにしています。もう一度、自分の中で体験したことを整理できますし、発表することで自信を持てるようになりますから」

そして取り入れられそうなことはすぐに実践してきた。

たとえば、以前のみなみかも保育園では、子どもたちは昼食のあと、すぐに昼寝をしていた。

「食べてすぐ寝るのは、子どもにとってどうなのかと疑問に感じていました」（﨑山さん）

だが、とある職員が実習先で、昼食後、子どもたちをいったん遊ばせてから寝かしつけていると知った。帰ってさっそく提案すると受け入れられ、実践してみると子どもたちの気持ちはリフレッシュされたようで、昼寝の質も上がり、目覚めたあとの表情も明るくなったという。

「ちょっとしたことで心が動くことがあります。職員に私の考えを伝えて変えるのは簡単ですが、職員自ら必要だと感じて変えてほしかった。やってダメなら違う方法でやればいい。迷ったときは『子どもたちにとってどうなのか』を一番に考え、答えを導き出すことです」と﨑山さんは語っていた。

地域とのつながりと地元の豊かな食材で実現する「食育」

愛耕福祉会の保育園のもう一つの大きな特徴が、地元の食材を活かしながら「食育」に力を入れていること。

「『年間食育計画』を作って、よりよい食生活の習慣が身につくようにしています。たとえば畑で野菜を収穫したときは、その野菜を使って子どもたちと料理したり給食で使ったりします」

こう説明してくれるのが、愛耕福祉会が創業した２００８年（当時ＮＰＯ法人明育会）から同福祉会で栄養士として働く片寄絢子さんだ。

普段の給食では、米や野菜はもちろん、豆腐や味噌、しょうゆ、牛乳に至るまで地元の食材を用いる。毎月一度、３園の調理担当者の情報交換の場を設け、テーマに沿った献立や各園の人気メニューを持ち寄り、統一した特別メニューも作っている。

体験を重視する方針は「食育」でも同じだ。

子どもたちが野菜の苗を植えたり、育てたり、収穫することについてはすでに触れたが、収穫した野菜をみんなで料理をして招待状を作り、白根理事長を招くときもある。

親御さんと子どもたちが一緒に料理をする「親子クッキング」や、食育と国際交流の場として、地元で暮らす海外出身の人に、自国の食材や料理について話してもらったり、子どもたちと一緒に調理をする企画などもある。

「地域との関わりを大切にしながら、季節行事や食文化の継承を意識して企画しています」と片寄さんは言う。

運動しているようで意外に不健康な職場

「平成29年度から翌30年度にかけて保育園は１拠点から３拠点へ、職員も30人から78人に増えました。そこで組織をあげて戦略的に取り組む必要に迫られたことが、職員の健康保持増進と職場環境の改善でした」

子どもたちが毎日いきいきと保育園で過ごすためには、園という組織が着実に毎日の仕事をこなし、どんなときでも臨機応変に対応する必要がある。そのため組織の健康と環境改善に取り組んできたのが、法人本部の総務担当チーフであり、3園の看護師とともに第一種衛生管理者として衛生委員会を運営する長澤裕美さんだ。

特に愛耕福祉会がこの3年にわたって実践してきたのが「健康経営」だ。職員の健康を積極的に守り、増進させ、職場環境も快適なものに変えて、仕事の質の向上を図ろうというものだ。

保育士は運動しているように見えるが、身体の使い方は意外に偏っているという。子どもたちを抱き上げ、腰を痛めることもある。子どもたちと食事をしつつ、休憩時間に仲間内でも甘いものを口にするため、食べ過ぎの傾向も否めない。

そこで、定期的に検診を行い、雲南市立病院から保健師に来てもらって検診の結果について相談するようにしたところ、初めは検診で要チェック項目をいくつも抱えていた職員が自ら体重を減らし、健康を考えるようになった。普段からみな健康について口にするようになり、昼休みに園周辺の河川敷をウォーキングする人も増えたという。

また最近では、保育者の「職業病」といわれる腰痛・肩こり・頭痛など、職員が抱える身体の悩みを解消するため、作業療法士と理学療法士によるベンチャー企業「株式会社Canvas」（本社：松江市）と共同で「健康体操（通称：愛耕ストレッチ体操）」を開発した。職員がこの健康体操を仕事が終わったあと、毎日5分間実践することで、職業病の予防・改善につなげている。

愛耕福祉会では職員の命を守るセミナーを数多く開催している

そして株式会社Canvasが、職員の生産性の指標である「プレゼンティーイズム（何らかの疾患や症状を抱えながら出勤し、何らかの体調不良があるまま働いている状態）」を国際的な評価法で測定したところ、健康体操を実践したことで、職員の腰痛などが大幅に改善したとの成果が報告された。

さらに同福祉会は現在、「治療と仕事との両立支援」にも取り組んでいる。これは〝ガン〟を発症する確率は二人に一人といわれる中で、もし職員が〝ガン〟と診断された場合、法人としてどのように対応すればよいのかなど、体制や制度が未整備であることに危機感を覚えたことがきっかけだ。

「病気の治療を受けながら、会社のため、家族のために働き続けた父の姿が思い出されました」と長澤さんは自らの経験を話す。そこで「独立行政法人 労働者健康安全機構 島根産業保健総合センター」に相談したところ、同センター保健師の仲佐菜生子さんが『島根県を両立支援の先進県へ』をスローガンに、医療従事者や社会保険労務士、企業担当者で構成する「島根両立支援コーディネーターの会」を立ち上げていたことを知った。同会は「両立支援コーディネーター」同士による事例共有や情報提供などの交流が目的であるが、仲佐保健師の働きかけにより、愛耕福祉会の両立支援制度を検討することになった。そこでアドバイスされた意見をもとに規程を新設するなど制度を充実させた。そして衛生委員会のメンバーが「両立支援コーディネーター」の資格を取得して、職員に対する「ガン啓発セミナー」を開催したり、職員が安心して治療や通院を継続するための相談窓口を設けるなど、職場体制も整備していった。

「私の父のように誰もが大切なものを守るために仕事をしています。その人の大切なものを私も一緒に守りたいです」と長澤さんは語っている。

子どもたちと一緒に成長していきたい

白根理事長が大阪から故郷の雲南市に帰ってきたのが2015年10月のこと。父親（現・会長）が運営していた雲南市立かもめ保育園を手伝うことにしたものの、民間で働いていた経験から、1園のみでは経営が安定しないと考え、2017年、雲南市から市立大東保育園の業務委託を受け、2018年にはみなみかも保育園を新設し、1園から3園に増やした。

「初めは〝保護者受け〟を意識して、英会話やダンスを取り入れようかと考えていました。でも、子どもたちと接しているうちにそうじゃないことがわかったんです。真剣に自分を表現する子どもたちに教えられました」（白根理事長）

白根理事長は大阪のメーカーで働いていた頃からUターンを考え、保育士の資格を取っていた。崎山さんらのすすめもあり、子どもたちに絵本を読み聞かせたり、一緒に食事をしたり、保

愛耕福祉会の白根康久理事長

育の現場に顔を出すうちに、子どもたちが本当に求めているのは泥だらけになって思う存分遊ぶことだと理解したという。

ならばここにある自然の豊かさを存分に活かし、子どもたちが望むような企画を立てて実行していこう。体験重視のイベントや食育の企画はこうして生まれてきた。

しかし一方、この業界では職員たちはいつも仕事に追われ、疲れぎみだ。組織として職員も思う存分働くことができる環境を作る必要がある。そこで企業的な経営を取り入れることにした。

勤怠管理、労務管理を行うようにして残業を減らした。また、定時での勤務を促した。人事制度も整備して、誰でも正当に評価されるようにし、努力しだいで正規職員に採用される道も開いた。3回挑戦し続けて正規職員になった人もいる。

3園と本部をネットワークで結び、オンライン会議や共有フォルダによって情報を集約し共有し合う仕組みも作った。また、パソコンの台数を増やして、職員たちの業務が滞らないようにした。

保育士、看護師、栄養士など園で働く「プロ」たちの技量に改めて驚き、社会へのアピールとして、そして少しでも仕事に誇りを持てるようにとの思いから、全職員に名刺を持ってもらうことにした。

「職員が健康で幸せになれば、子どもたちも幸せにできる」（白根理事長）。健康経営に取り組むことにしたのも、職員が元気で働ければ、子どもたちに向き合える時間が増やせると考えたからだ。

「都会では近くに保育園など来てくれるなと言われることが多いと聞きますが、みなみかも保育園の建設が決まったときは、地元の人たちから『よう来てくれた』と感謝されました。また『子どもたちの声を聞くと元気になる』とも言ってもらえます」

地域の人たちから支持されていることを知り、白根理事長は、「保育園とは地域の社会資源の一つである」と気づいたという。

「私は子どもたちのおかげで成長できました。これからも子どもたちとともに成長し、地域に貢献していきたい」と白根理事長は語っている。

書籍販売、出版、教育

株式会社今井書店グループ

本に留まることなく、山陰地方の
文化発信拠点として地域の人々の
豊かな暮らしを追求する
本の学校

米子市にある、時計台がひと際目を引く今井書店の「本の学校」

設立／1872（明治5）年

事業内容／書籍販売、出版、雑貨・文房具販売、教育事業ほか

資本金／2700万円

従業員数／567人

所在地／〒683-0801 鳥取県米子市新開2-3-10

URL ／ https://www.imaishotengroup.co.jp/

山陰の作家、クリエイターが集う書店

鳥取県の西、米子から境港にかけて伸びる弓ヶ浜半島の付け根あたり。国道431号線沿線に見えてくるのが三角屋根の時計台のある白い建物、今井書店の「本の学校」だ。700坪の広い売り場の北側には今井書店（本の学校今井ブックセンター）が、南側には雑貨を扱うSHIMATORI（シマトリ）米子店の2店が入る。

二つの店の間には、SHIMATORIが運営するカフェが設けられており、2022年2月10日から約40日間、鳥取市出身のイラストレーター伊吹春香さんとの「コラボカフェ」が開催された。

1 松江市にある本社の1階には、「今井出版」レーベルの山陰をテーマにした書籍がたくさん並ぶ
2 今井書店グループの代表取締役社長・島秀佳氏
3 2020年2月に開所した「本のほいくえん」では、2000冊以上の絵本を自由に読むことができる

「2021年の第1回『小さな今井大賞』受賞作が米子市出身の長谷川雅人さんの小説『孤どもたちへのクロッキー』でした。書籍化された際、カバーデザインを担当したのが伊吹春香さんです。山陰の才能を応援したいという想いでコラボカフェを開くことにして、伊吹さんが描いたイラストをラベルにした商品や期間限定のオリジナルメニューを作りました。本人が大きなガラスにイラストを描く『ライブペインティング』も好評でしたね」

うれしそうに話すのは、今井書店グループの代表取締役社長、島秀佳氏だ。

グループで書籍販売を担う今井書店は、現在、島根と鳥取で書店を18店、雑貨・カフェのSHIMATORI米子店と合わせて計19店を展開している。全国的に書店が減り続ける中、地域で書籍販売を続ける貴重な存在だが、同グループが取り組むのは書籍販売だけではない。目指すのは「山陰の文化の発信拠点」になること。

『小さな今井大賞』もそのための一つで、グループで出版事業を担う今井印刷が2021年に創設した。大賞受賞の『孤どもたちへのクロッキー』（長谷川雅人さん著）はもちろん、特別賞受賞の『あの頃のままに〜遠回りしたエレキ小僧〜』（米子市の石田光輝さん著）や30歳未満を対象にしたU-30短編賞受賞の10人による『小さな10の宝箱』も書籍化され、書籍のカバーデザインを担当した地元出身の伊吹春香さんについても、コラボカフェで地域の人たちに知ってもらうための企画だった。

「一緒に仕事をしたり、サポートしたり、これからも才能ある方が出てくれればうれしい。すべてをつなげていきたい」と島社長は語っている。

「本の学校今井ブックセンター」そのものも「文化発信」のための代表的な施設だ。1階に書籍売り場とSHIMATORIが入るほか、2階には多目的ホールや研修室、談話室が備えられ、そこでは作家や文化人を招いてのサイン会や講演会、各種講座も開かれており、交流や教育の場となっている。

文化の発信は著名な人ばかりが行うわけではなく、毎年2月には、鳥取県の8店舗の書店に「中学生・高校生ポップコンテスト」のコーナーが設けられる。このイベントは、鳥取県の「子供の読書活動推進事業」の一環で行われ、本の読みどころや感想をカードに書いてPRする、書店ではおなじみのポップ（POP）を中高生に作ってもらい、読書習慣を促そうというもの。読んだ本の感想を自分の言葉で表現するだけでなく、カードをカラフルに飾ったり、切ったり貼ったり大胆にポップをアレンジする子供たちの自由な発想に驚かされる。

SHIMATORIが運営するカフェのイベント「コラボカフェ」で飾られた、鳥取出身のイラストレーター・伊吹春香さんの作品

こだわりの雑貨やオリジナルグッズを取り揃え、本のある暮らしの豊かさを伝える

「15年ほど前までは、競合よりもたくさん在庫を抱えて、できるだけ大きな店を作る、それが業界共通の意識でした。しかし、今は違います。規模や量ではなく中身を重視する。そのため、書籍にこだわらない品揃えで、店全体の価値や魅力を上げていく流れに変わってきています」（島社長）

雑貨を扱い始めたのも地域の文化の発掘と発信のためだ。

２００３年、米子の本通店（現在は閉店）で雑貨を販売し始めたのを手始めに、２００８年には米子の錦町店でコーナーを作り、以後、ほかの店でもコーナー化が進んだ。また、オリジナル商品の開発も始めた。

伊吹さんデザインのマグカップで飲める特別ドリンクとオリジナルしおり

現在、それらは「流行に流されすぎない丁寧なくらし」をコンセプトにした「青杏＋（せいあんプラス）」のブランドとして今井書店の4店とともに、ほかの地域の書店でもフランチャイズとして展開されている。

２０１８年4月には、雑貨販売の直営店としてＳＨＩＭＡＴＯＲＩ（シマトリ）が、「本の学校今井書店ブックセンター」の書籍売り場に隣接してオープン。コンセプトは「ほんとのくらし」で、

お気に入りの1冊とともに、暮らしを豊かにする山陰の丁寧に作られた雑貨やオリジナルグッズを揃え、同時にカフェも運営して、くつろげる場を提供している。

「本の学校今井ブックセンター」にSHIMATORIが入ってからは、特に女性客の支持が高まったという。実際に書籍を含めたフロアトータルの売り上げも向上している。

青杏+、SHIMATORIを合わせて開発したオリジナル雑貨は54アイテム131品に及ぶ。SHIMATORIでは全国向けの通販も行っているが、そこでは「SHIMATORI限定ロルバーンノート」などのヒット商品も生まれている。広い世代に人気のロルバーンノートの表紙に、鳥取県の名産品二十世紀梨や山陰の星空、オリジナルキャラクターなどをあしらったノートだ。

「書店はどんどん減っています。周りがやめるのであれば、なおさらうちはやり続けなければいけません。地域に書店は絶対に必要。だから残すために、書籍だけでなく雑貨を置いたり、いろいろな機能を付加させたり、あらゆる可能性を探っていきます」と島社長は語っている。

書店、印刷、出版……山陰の文化活動拠点として成長を遂げる

今井書店グループの歴史は、今から約150年前の1872年、今井兼文が米子市尾高町に開いた書店「今井郁文堂」から始まる。

米子組儒医として働いていた兼文は、明治維新で藩が廃止されたのを機に、地域での知識普及

のために書店を立ち上げた。書籍が木版刷りから活版印刷へ切り替わっていくことに将来性を見出し、印刷業にも取り組んでいく。

「これから国が育っていこうという時代です。地域の人たちも知識を得て変わっていかなければならない。それには書籍が必要ですが、当時は入手困難でしたから、書店を開き、さらに書籍を作る印刷業も始めました。これらのことからわかる通り、当時から〝教育〟に強く関心を寄せていたんです」（島社長）

書店、印刷（出版）、そして教育、これらが今井書店グループの原点だ。

明治時代になると多くの文芸作品や雑誌が出され、山陰の人たちもそれを求めるようになった。今井郁文堂では東京や大阪と取り引きしてその要望に応えた。また、学校での教育の多様化に応じて実験機器や薬品、博物標本、楽器、運動用具なども扱った。

戦後の今井書店の店内

1904年には教科書の国定化により、鳥取県特約店としてその供給も担うようになった。島根県からも同様の依頼があり、島根県松江市に今井文店を開設したのも同じ頃だ。

大正から昭和にかけては雑誌、全集、文庫が次々とブームになり、それに応える形で境港には今井久盛堂、米子にすゞや書店、浜田では共栄堂書店と次々と書店を開業していく。松江支店も松江今井書店とし、後に1951年には鳥取市に富士書店も開業した。各店は独立した会社として運営し、地域の読者を着実に獲得していった。

戦時中は紙不足や印刷所や製本所の焼失で苦労したが、終戦を迎えると書店の新しい役割も見えてくる。誰もが文化にも飢えていた。疎開していた地元の作家や画家たちが各書店に姿を現し、会員160人の文人社が結成されたのを機に、店を改造してギャラリーや談話室を設け、展覧会や講演会の場として提供し始めた。文化振興の機運が高まっていったのだ。

高度経済成長期には出版業も書店業も急成長し、さらに店数を増やしていったが、書籍販売ばかりでなく「山陰での文化活動の拠点」を強く意識した。

1975年、松江市に新築された松江今井書店の本社には展示ホールなどの文化施設が設けられ、地域に密着した書店作りの先駆けとなった。富士書店は鳥取市に「子供図書室」を備えた6階建ての本店を開店。モータリゼーションに応じて、幹線沿いに郊外型書店を次々とオープンさせたのもこの頃である。後にこれらの書店は、今井書店グループとして統合されていく。

書店人教育とともに、一般向けにも次々と教育事業を展開

地域の教育を担うという創業当時の意志も形になっていく。

読書推進・読書環境整備研究事業、出版文化研修研究事業、出版業界人研修研究事業の三つの事業を実現するために1995年に作られたのが、冒頭で紹介した「本の学校」だ。

地域の人たちの交流と教育の場として、書籍売り場のほか、メディア館、研修室、多目的ホール、子供図書室、本の博物室、図書室などを備え、同時に、「本の学校」の名の通り、書店員の教育の役割を果たした。

「本の学校の活動は、2012年にNPO法人化し、当社以外の出版業界の方々や、地域の人たちと進めています。今はコロナ感染防止対策のためオンラインで開催していますが、かつてはリアルで集う2泊3日の『書店人講座』を年に3回ほど行っていました。今井書店の店員だけでなく、関東や関西から参加する方もいましたね」（島社長）

講座内容は、出版業界の動向に始まり、書店員としての情報の集め方、棚の作り方、書籍の売り方など多岐にわたる。各地で悪条件のもと書店を運営する人の講演などもある。書店に関わる人たちが、いかに地域振興に役割を果たしていけばよいかが理解できる内容である。

一般の人向けにも、グループとして教育に関する事業を立ち上げている。たとえば、2017年9月には、米子市で小中高生を対象にした個別指導の学習塾を開校した。また、2020年2月には、松江市に「本のほいくえん」を開所している。企業主導型として、今井書店グループで働くスタッフはもちろん、提携企業に勤める従業員にも、地域の人たちにも利用してもらっており、現在約30人の子供たちが通っている。

名前の通り、園内に図書スペースを設け、そこに2000冊以上の絵本を揃えていることが大きな特徴。子供たちの好奇心を育て、創造性と社会性を育むのが狙いだという。

「開所当時、外国人のお子さんもいたのですが、読み聞かせると本当に楽しそうに笑うんです。言葉が通じなくてもわかってしまう。絵本の力ってすごい！　改めてそう思いました」（島社長）

地元の才能を発掘する出版事業、郷土本専門店の出店も

冒頭で紹介した出版事業も、古くから地元の芸術家や作家を発掘・育成してきたことが受け継がれてきたものである。現在はグループの今井印刷が担い、「今井出版」のレーベルにより年間約100点を出版している。「小さな今井大賞」による才能発掘にはすでに触れたが、ほかにも多くの出版を実現し、中には話題を呼ぶものも現れている。

2020年6月に出版された『た・ま・え・ま・る：～山陰最大の戦災75年目の真実～』（根平雄一郎著）がその一つ。第二次世界大戦末期の1945年4月23日、現在の境港市の岸壁で玉栄丸が突然、爆発、乗組員が死亡し、近くの火薬倉庫にも引火して境町（現・境港市）の市街地の3分の1が焼失、死者115人を出した大惨事を調査した書籍だ。数十年にわたる調査の集大成として、著者の根平雄一郎さん（境港市）がインターネットのクラウドファンディングで資金を集め、出版を実現した。

「出版の力は大きいですね。講演依頼が殺到しているとのことです。その後、絵本も出て（『絵物語 た・ま・え・ま・る』根平雄一郎さん著、遠藤恵裕さんイラスト）、2022年にはどちらも電子化されました。今はウクライナでの戦争に世界中の関心が集まっているので、戦争について考えるいい時期なのかもしれません。地元でも事故を知らない人は多く、ぜひ多くの人に読んでいただきたいです」（島社長）

2021年1月、「文化発信」のためのもう一つの施設がオープンした。島根県松江市、松江城近くの南殿町商店街の一角にある今井書店本社ビルの1階の「TONOMACHI63」（トノマチロクサン）だ。

約80坪のフロアに足を踏み入れると、「古代・出雲大社神殿」の25分の1の模型が目に飛び込んでくる。高い柱に支えられた神殿と、それに至る長い階段が再現され、見るものを圧倒する白陵だ。

壁に沿って設けられた書棚には、山陰をテーマにした書籍の数々がずらりと並んでいる。地元の作家、芸術家が著した書籍はもちろん、写真集など大判のものも含め約1500点が揃う。落ち着いた雰囲気を醸し出す照明と、出雲大社神殿の模型の存在感も相まって、あたりには荘厳さが漂う。郷土本に特化した品揃え、つくり、雰囲気、いずれもこれまではなかった新しい形の書店といえよう。

今井書店グループ、本の学校郁文塾の津田千鶴佳さんは、「コロナ過のため、当初目当てにしていた観光客の来店は少なめですが、地元の方々が文化講座に参加するなど、交流の場として賑わっています。先日も出雲大社に詳しい方に来ていただく企画があったんですが、コーディネートしてくださる方が、やはり地元の歴史や文化に詳しい方を紹介してくださったり、その方がまた別の方を連れてこられたり、つながりがどんどん広がっていますね」と、TONOMACHI63から交流が始まり、それが広がっていく効果に驚いている。

「TONOMACHI63」に展示されている古代・出雲大社神殿の模型

雑貨、カフェ、出版、そして書籍販売の新しい形……。

地域の人たちが知識を得るのを助け、地域振興を図る。地元の作家やクリエイターを支援し、山陰の文化を発信する。書籍とともに豊かな暮らしを追求する。

創業の精神を守りつつ、業態や手法を大胆に変えている今井書店グループ。これからも誰も見たことのない新しい書店の形を見せてくれそうだ。

教育

株式会社しちだ・教育研究所

すべての子供たちの可能性を引き出したい。
全国へ、世界へと独自の教育を広げる

ルーマニアの七田式教室

設立／1978（昭和53）年10月
事業内容／未就学児・小学生の教室運営、教材提供、通信教育
資本金／2000万円
従業員数／72人
所在地／〒695-8577 島根県江津市江津町526-1
URL ／ https://www.shichida.co.jp/

※ 本記事は、2021年2月に行われたインタビューをもとにまとめられたもので、
掲載内容は取材当時のものです。

世界17の国と地域に広がった、江津市で生まれた「七田式教育」

何枚ものカードを次々と高速で見せていくフラッシュカード。子供たちの目は、カードの束を巧みに操る講師の手元に釘付けになりながら、気づかないうちに言葉を覚え、やがて文字を読み、話すようになっていく。

未就学児を対象にした幼児教室、「七田式教育」のひとコマだ。

カードを通して大量に情報を送り出すことによって、子供たちの右脳の瞬間記憶力を鍛えつつ、自然にアウトプットも引き出していくという。

ほかにも、いくつもの三角形のピースでいろいろな形を作っていく「三角ピースマッチング」、

1 1987年10月から社長を務める七田厚氏
2 江津市にある株式会社しちだ・教育研究所の本社
3 七田式教育の教材開発は自社で行われている

右脳の力を引き出すとされるフラッシュカードを使ったレッスン

同じように立体で行う「つみきあそび」、おはじきを色で分けたり、色の違う人形で前、後ろ、右、左を理解していく「手先あそび」……などがある。

人間が本来持つ優れた能力を引き出そうと、独特の手法と教材を用いて教育を行っているのが「七田式教室」だ。

「生まれたときは誰でも天才。年齢が低ければ低いほど習得能力が高い『才能逓減《ていげん》の法則』もあります。直感の『右脳』と、論理の『左脳』をバランスよく働かせることで、子供たちの無限の能力を引き出していきます」

「七田式教育」の方針をこう語るのが、教室や教材を提供するしちだ・教育研究所（本社：島根県江津市）の七田厚社長だ。

初めは小学校入学前の子供たちだけを対象にしていたが、今は小学生まで広げ、現在、全国の約２３０の教室で１万９０００人の子供たちが学んでいる。

また、「七田式教室」は、日本ばかりでなく、アジア、オーストラリア、ヨーロッパ、北米など17の国と地域に広がり、現在、世界の約４００の教室で、６万５０００人の子供たちが「七田式教育」を受けている（海外は主に未就学児が対象）。

教室が近くになくて通えない子供たちとその親のための通信コースもある。ここでもオリジナルの教育ツールが用意されているが、同時に、親が家庭でいかに子供たちに働きかけていくか、その方法も学べる内容になっている。

高い学力を育てることはもちろん、協調性、優れた人間性、そして大きな夢と志、それを持った子供たちを育てたいと、「七田式教育」が掲げるのが、「食育」「体育」「徳育」「知育」の四つの柱だ。

「子供の健康を何よりも大切にし、その上で、心と能力を育てます。『認めて・ほめて・愛して育てる』がキーワード。大事にしているのが愛情です。愛情があって初めて教育も成り立ちますから」（七田社長）

島根県の西、江津市で生まれた「七田式教育」。独自の教育法は、なぜ、世界中で支持されるようになっていったのだろうか？

小さな子供たちほど伸びていく、その姿に驚き、幼児教育を研究

「父は、ひと握りの天才児を作ろうとしているのではないのか。確かに子供は賢くなっても、それで本当に幸せな人生を送ることができるのか。私は初めそう思い、父から仕事を手伝ってくれと言われても、素直には従えませんでした。でも後にそれはまったくの誤解とわかりました。父は、どんな子であっても能力を伸ばすことができると、子供の可能性を最大限、引き出そうとし

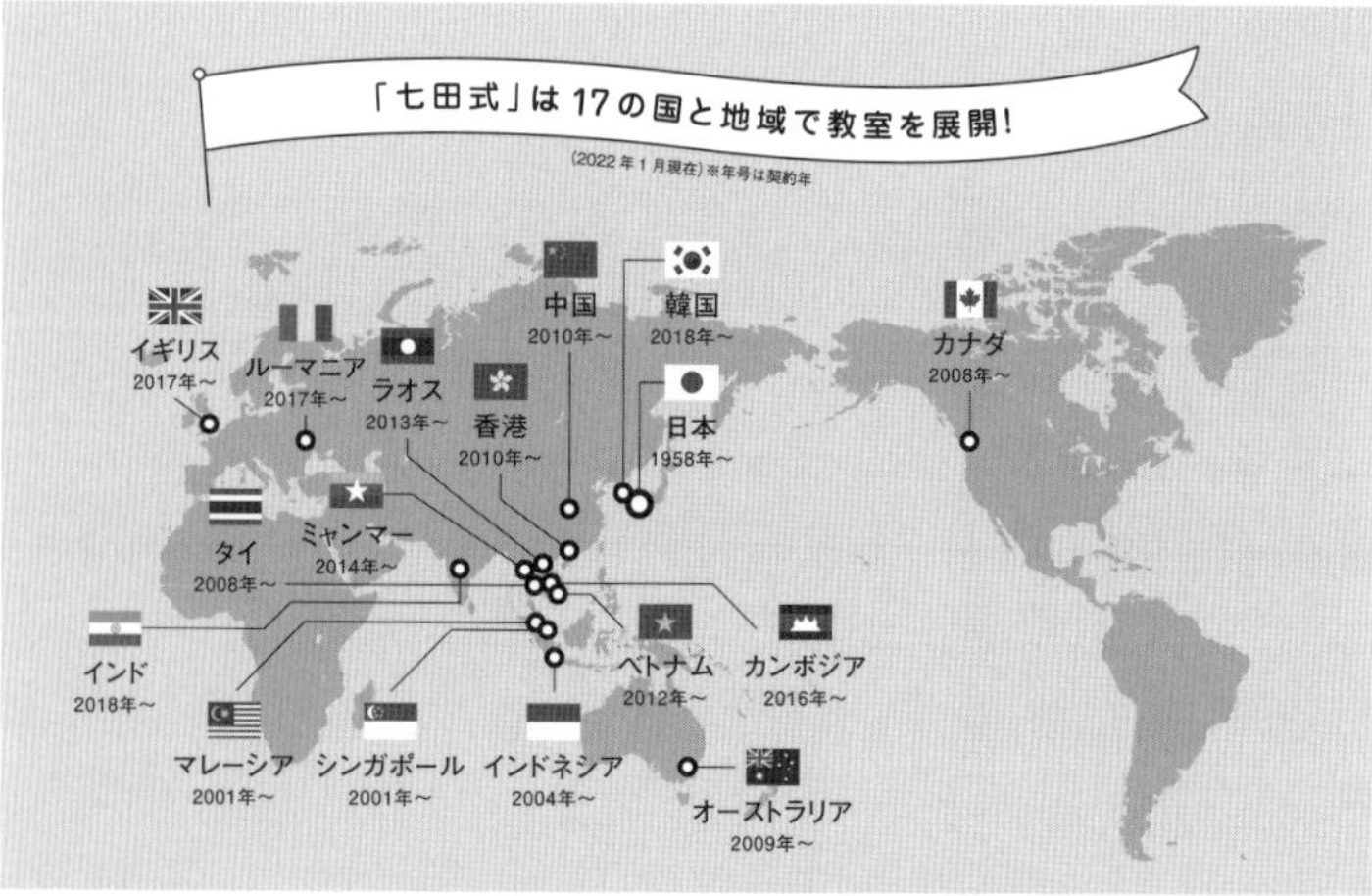

2022年現在、七田式教室は日本だけでなく、17の国と地域で展開されている

ていたんです」（七田社長）

「七田式教育」を創業したのは、七田厚社長の父親の七田眞氏（１９２９〜２００９年）だ。

１９４５年、日本の敗戦で満州（当時）から引き揚げてきた眞氏は、英語の通訳として働き始めた。故郷の島根県江津市に戻ると、英語ができることから地元の高校生に請われて教え始め、やがてそれを幼児にまで広げていった。

そこで眞氏が気づいたのが、年齢が低い子供たちのほうが、言葉も知識もどんどん吸収していくことだった。その様子に驚き、興味をかき立てられ、本格的な幼児教室を開きたいと考え始めた。

眞氏が、江津市で「児童教育研究所」を開いたのは１９５８年のこと。その後も地元で独自の教育を研究・展開し、１９７８年に有限会社七田児童教育研究所を設立。本社を江津市に置いた。

１９８３年には東京にもオフィスを開設。そこで仕事を手伝うようになったのが、当時、東京の大学に通っていた厚氏（現社長）だった。

厚氏は教材作りから始め、やがて父親から卒業後も仕事を手伝うように言われたが、当時は英才教育の一つにしか思えず、同意できなかったという。だが、父親の眞氏が、自閉症やダウン症など、障がいのある子供の可能性も開こうと奮闘していたのを知り、「すべての子供の可能性を開く」教育理念に共感するようになっていく。

１９８７年、厚氏は故郷の江津市に戻って社長を引き継ぐと、大阪の会社の協力を得て、「七田式教室」の本格的な全国展開に乗り出した。

「教育理論を展開する父と、その理論に基づいて教材を作る私、そして全国に展開する人たち。三位一体で『七田式教育』を広げていきました。80年代後半にはノーベル生理学医学賞を受賞した世界的な学者が幼児期の教育の重要性を強調したこともあって、追い風になりました。島根の片隅から始めた教育にお墨付きが得られたんです。（「七田式教育」の）知名度はどんどん上がっていきました」（七田社長）

小中学生を教える塾はどの地域にもあったが、未就学児の幼児教室は全国的にも珍しく、競合らしい競合がなかったことも幸いした。創業者の眞氏が自ら講演して理論や哲学、手法を伝え、各地で教室の先生を養成すると、加盟教室数は毎年20％増で伸び続け、３年ごとに１００教室が増えた時期もあり、一時は全国で４００教室にまでなったという。

１９９３年には江津市内に現在の自社ビルも建ち、経営は順風満帆に思えた。が、やがて危機

七田式の創始者・七田眞氏

が襲ってきた。

「90年代後半に、厳しい事態に直面しました。父は170冊もの本を書いたのですが、その一つに『超右脳革命』（総合法令、1996年）があります。『子供たちの能力がすごいのはわかりました。でも、大人に可能性はないのでしょうか？』。そう問いかけられ、『いや、そんなことはありません。大人にだって』と、大人の能力開発について書いた書籍でした。一気にブームになりましたが、その陰では、メインの幼児教育事業が頭打ちになっていたんです」（七田社長）

当時の「七田式教育」の対象は6歳までの未就学児だった。小学校へ入学すると子供たちは〝卒業〟してしまう。教室数の急増で気が緩み、いきなり来た大人のブームで目がくらんだようで、気がつけば経営は立ち行かなくなっていた。

以前から要望があったこともあり、未就学児だけでなく、小学校低学年の子供たちまで対象を広げることにしたが、簡単ではなかった。「七田式教育」のためには、年齢に合わせた独自のツールを作る必要があり、それには手間がかかる。1学年分のプログラムと教材を作るのに1年をかけ、計3年で小学校3年生までの体制を整えた。後にさらにもう3年かけ、小学校6年生の子供たちまで教えられるようにした。

そして、もう一つ打ち出したのが海外進出だった。

創業者の逝去で売り上げが落ち込むものの、海外進出で躍進

「こちらから売り込んだわけではありません。父の著書の翻訳版を読んだ方から、海外での講演依頼があり、そのとき、知り合った方々との縁で、海外でも始めることになったんです」（七田社長）

2000年8月、台北で「七田式教室」の海外第1号が始まると、翌2001年にはシンガポールで、さらに2002年にはマレーシアと続いた。その後も年に1カ国のペースで増えていった。

しかし、当時はまだ一つの事業として成り立つほどではなかった。海外展開を大きく飛躍させたのもまた、経営危機だったという。

2009年、七田眞氏が79歳で亡くなった。遺志を受け継ぎ「七田式教育」をさらに発展させようと決意していた厚氏だったが、カリスマ的な創業者の逝去で、七田式教育は終わってしまうと受け止めた人たちがいたようだ。

「あとから知ったのですが、ごく親しい人からも『もうダメだと思っていた』と言われました。実際、父が亡くなった年の売り上げは激減しました」（七田社長）

その後も売上減を止めることはできず、ピーク時の半分にまでなってしまった。が、そのとき、復活の原動力となったのが海外進出だった。

前述のように、海外進出はすでに始まっていたが、厚氏は本格展開を決心して、2009年にはオーストラリア、2010年には中国で展開を希望する会社と、それぞれ契約を締結した。その結果、特に中国では、10年経った今、100カ所以上の教室で、4万人を超える子供たちが学んでいる。

理想的な立ち上げだったのがシンガポールだという。講師経験者を含む日本人女性数名が、当初から準備に奮闘した。懸命に働く日本人の熱意が、そのまま現地でも引き継がれたようだ。

香港で教室を展開しようとしたときは4社から手があがった。プレゼンを受け、面接も行い、「七田式」の教育哲学に共感しつつ、かつ、目標を掲げて達成を目指すなど、ビジネス的にも信頼できる人たちに任せることにした。

「アジアの人たちは、『これはいい』と思ったら、すべてを話さなくとも受け入れてくれる傾向があります。〝あうんの呼吸〟みたいなものでしょうか。でも、欧米の人たちは、『それは誰が言っているのか?』とか、『データは?』とか、『エビデンスは?』とか、論理的に迫ってきますね（笑）」（七田社長）

文化、環境など国による違いは大きく、また、「七田式教育」の受け入れ方も異なる。だが、子供たちを思う気持ちを確認しながら、共感する人を見つけて任せると、各国で「七田式教育」は順調に浸透していったという。中には、金儲けが目当ての人たちもいたが、そのときは丁重にお断りした。

海外展開を始めてから20年以上、「七田式教室」で学ぶ子供たちの数は増え続け、世界17の国と地域で、6万5000人の子供たちが「七田式教育」を受けていることはすでに述べた通りだ。契約した国では、どこもやめることなく続いていたが、海外第1号の台湾の会社が、20年の歴史に幕を下ろした。しちだ・教育研究所の経営は無事に回復している。

時代に合わせて新分野に挑戦、だが、哲学は変わらない

ここ数年、しちだ・教育研究所を取り巻く状況は、目まぐるしく変わっている。

2018年には、30年以上全国展開を担っていた大阪の会社との関係を精算した。しちだ・教育研究所が、直接、全国の加盟教室をバックアップすることになった。

「以前は、本部の意向だけで教材を作っていましたが、今は全国各教室の先生方の意向を汲まなければなりません。いいものを作ったつもりでも、ダメ出しをされることがあります（笑）。教室ではそれぞれのやり方がありますから。各教室の運営を助け、守るのが私たちの役割です」（七田社長）

全国の教室から寄せられる意見や要望、苦情に耳を傾けて、各地域に適切な教材作りに力を入れている。

もう一つ、今、全国の教室で課題になりつつあるのが後継者問題だ。全国展開を本格化させて

35年。初期の加盟教室の先生たちは引退の時期に差し掛かっている。

そこで全国組織として「未来会」を作った。北海道から沖縄まで全国の教室の先生同士が交流できる場だ。

「お子さんに引き継ぐ場合もあれば、甥御《おいご》さんや信頼できる先生に教室を譲るケースもありますが、いずれにしても2代目の方には（初代ほどの）強い思い入れがあるわけではありません。でも、たいていの場合、ご自分が『七田式教室』で学んできた経験を持っています。同じ境遇にある若い人たちの横のつながりができれば、それに刺激されて新しい動きが生まれてくるのでは、と期待しています」（七田社長）

最近の課題として、新型コロナウイルスへの対応も見逃せない。当然、影響は大きく、世界的に売り上げは激減した。だが、逆に通信販売は堅調に伸びている。もともと、教室がない地域で親が自分の子供に教えるために作ったものだ。そこに新たな可能性が見出せそうだ。

新しい分野の教育の開拓も課題となっている。

２０２１年春から新たに「七田式プログラミングコース」を始めた。小学校でプログラミングの授業が始まるのに合わせて、年長児と小学校低学年の子供たちを対象に、それぞれコースを設けた。

ここでも思考力プリントなど独自の教材を用意するとともに、ソニー・グローバルエデュケーションと提携してロボット・プログラミング学習キット『ＫＯＯＶ』を導入した。

子供たちには、ブロックで自動車やロボットなどを自由に組み立てて、それをプログラムして動かすことで創造性を存分に引き出す「プログラミング」を学んでもらう。また、教える質を強化するため、プログラミングコース講師養成のための認定講座も新設した。

「七田式教育を提供し始めて、60年以上が経ちました。現在、世界は高度で便利なテクノロジーに溢れています。そんな世界へ羽ばたこうとしている子供たちは、そんなテクノロジーを使いこなし、役立てて、夢を叶えてほしい。そして世界に貢献する能力を持ってほしい。そう願っています」（七田社長）

時代も環境も大きく変わっていくが、子供たちの能力を最大限、引き出したいという「七田式教育」の姿勢は変わらないという。

江津市のしちだ・教育研究所は、２０２３年春に本社を一新し、増員もする方針だ。世界に向けて独自の教育方法を広げながらも、地元・江津での採用に力を入れ、地域の活気を取り戻していきたいという。

地域創生

田部グループ
株式会社たなべたたらの里

たたら製鉄の復興とともに、
里山の再生と新たな魅力を引き出し
未来に誇れる場を作る

たたら製鉄の町として栄えてきた雲南市吉田町

創業／2021（令和3）年10月

事業内容／山林事業、特産事業、たたら事業、地域開発事業ほか

資本金／1000万円

従業員数／50人

所在地／〒690-2801 島根県雲南市吉田町吉田2407

URL ／ https://tanabetataranosato.com/

故郷の38人の中学生に出会ってわかった「やりたいこと」

木造建築や土木、造園を担う「たなべの杜」、飲食のフランチャイズ事業を展開する「ＴＡＮＡＢＥグローバルキッチン」、地域開発を担う「たなべたたらの里」、マンション経営の「ＪＵＴＯＫＵ」、温泉の源泉管理・運用を行う「出雲湯村温泉」。そしてこれら5社を束ね、グループの経営戦略を策定する「田部」。これら6社の田部グループを率いているのが、田部長右衛門氏だ。

「(立て直しに)5~6年と思っていましたが、結局11年かかりました。田舎の企業ですから、人を切るようなことはできません。まず何よりも〝人と地域〟を大事にしたかった。２０２１年10月になり、やっと現在のグループの形にすることができました」

1 吉田町にある国の重要有形民俗文化財「菅谷たたら山内」

2 2018年、大正時代に途絶えていた田部家の「たたら吹き」が100年ぶりに実施された

3 地元の鶏、八雲鶏と山王軍鶏を平飼いし、卵だけでなく、スイーツや加工品も製造販売している

島根県で生まれた田部氏は高校を卒業すると、東京の中央大学法学部へ進学。卒業後はフジテレビに入社し、ニューヨーク勤務などを経たあと、２００９年、30歳のときに帰郷。田部の経営に加わったが、落ち着く間もなく始めなければならなかったのが、会社の立て直しだったという。

当時の田部は、代々受け継がれてきた山林事業や木材事業をはじめ、建設や飲食業など６つの事業を運営していた。だが、そのうち５つの事業が赤字に苦しんでいた。木材事業を住宅事業に転換するなど思い切った改革を進めるとともに、事業ごとに分社化を進めて立て直しを図った。11年をかけて現在のグループとして形づくってきたわけだが、その間、田部氏は自分が向かうべき道を知る貴重な体験もした。

田部グループを率いる田部長右衛門氏

２０１５年、田部長右衛門を襲名した頃のこと。田部の本社のある雲南市吉田町の中学校から、「子供たちに夢を与える授業をしてほしい」と講演の依頼があった。だが、出向いて大きなショックを受けた。

「吉田町は過疎化が進み、ここで未来に向けた明るい話ができるだろうか？　話すテーマをあえて決めずに会場に向かったんですが、そこには38人の生徒しかいませんでした。『ひとクラスだけですか？』と校長先生に聞くと『いえ、これで全校生徒ですよ』という返答……。これはなんとかしなければと思いました」

驚くのと同時に、先代の父親から「やりたいことを好きにやれ」と言われていたことを思い出した。何をやればいいのかずっとわからなかったが、この体験でそれがはっきりしたという。

「その場で生徒のみなさんに約束したんです。みなさんが大人になるまでに、僕が地元で仕事を作りますと。働ける場所を作るので、みなさん外で修業してからでもいいし、高校を卒業してからすぐでもいい、ここへ帰ってきてくださいと」

代々この土地で事業を営んできた田部家の25代目当主としての責任を感じたという。

吉田町の中学校で講演する田部長右衛門氏

750年前から続く田部家の歴史と地域愛

田部家が紀州熊野（現在の和歌山県）から、吉田村（現在の雲南市吉田町）に移り住んだのは今から約750年前、鎌倉時代のこと。11代にわたって武士を務めたあと、1460年から始めたのが製鉄業だった。奥出雲の良質な砂鉄で鉄製品の原料となる鉧《けら》を作る「たたら製鉄」だ。

田部家の繁栄とともに栄えた吉田町。今でも当時の面影を感じることができる

江戸時代になると、田部家は松江藩の鉄師として製鉄業に励んだ。「鉧」の中でも鉄の純度が高い最高品質の玉鋼《たまはがね》は日本刀の材料として全国に出荷され、田部家は企業城下町となった吉田村とともに繁栄していった。

たたら製鉄には大量の木炭が必要なため、田部家では代々、山林の所有を広げ、幕末の最盛期には2万5000ヘクタールにも及んだという。当時の鉄生産は、奥出雲地域全体で全国の8割を占めるほどだった。

「吉田に住んでいる人たちは、ほとんどがウチで働いていた人たちの子孫なんです。ところが大正12年、たたら製鉄は一度終わりました。そのときに多くの人に暇を出さざるを得なかった。事業は変えても人は切るなというのが我が家の方針ですが、それが果たせなかったんです」（田部氏）

明治時代になり、鉄鉱石を原料にする高炉による大規模な製鉄が主流となると、たたら製鉄は衰退を余儀なくされた。田部家も1923（大正12）年に廃業せざるを得なかった。

戦後は、所有していた広大な山林をもとに、田部家は山林事業、製炭事業といった、たたら由来の事業を進めながら、その後も地元の生活に密着した〝食〟と〝住〟に関わる事業を加え、現在のグループとなっていった。

「みんなにもう一度、ウチで働いてほしい」（田部氏）

田部氏は、38人の中学生と出会ったことで、この土地で750年もの長い年月、事業を営んできた田部家の役割に気がついた。

たたらの技術と産業で賑わっていたこの土地をよみがえらせる。たたら製鉄の復興はもちろん、農業、観光、飲食、宿泊、芸術、総合的な里づくりを開始する。山も再生させて循環型の暮らしと生態系をよみがえらせる。

田部社長は、2018年に、地域振興事業「たたらの里づくりプロジェクト」を開始。2021年10月には、それを推進する株式会社たなべたたらの里を雲南市吉田町に設立し、自身が代表取締役里長に就任（以下、田部里長と記述）、田部グループの6社の一つとして位置づけた。恵まれた自然と引き継がれてきた伝統・文化とともに、人々がこの先もずっと豊かな暮らしを続けられる「里づくり」に本格的に取りかかった。

たたら製鉄復活、特産物の販売、循環型林業の3事業で、地元の〝持てる力〟を最大限引き出す

現在、たなべたたらの里では、三つの事業と八つのプロジェクトが進行中だ。

一つ目が、たたら事業。大正時代に廃業し、途絶えていた「たたら製鉄」を100年ぶりに復

活させる。「たたら製鉄」により「鉧」を製造し、鉄製品にまで製造、加工、販売までを一貫して行う。かつては国内の鉄づくりを担っていた地域の誇りを復活させる。

すでに雲南市吉田町の和鋼たたら体験交流施設では、たたら製鉄のための「炉」に火を入れ、鉧の製造を開始している。大量の砂鉄と木炭を用意して、炉の中に交互に入れながら一昼夜かけて不純物を取り除いていく。

「たたらの技術やコツ、経験は大事なノウハウですから紙に残しておくことはしません。一子相伝、親から子に伝えるものですが、100年のブランクによりそれが途切れていました。現在、手探りでその技術を探っています。すでに6回取り組み（取材は2021年10月）、やっと上手になってきましたね。最初に作ったものとは雲泥の差があります」（田部里長）

二つ目が特産事業。たなべ森の鶏舎では、この地方特有の八雲鶏と山王軍鶏に、腐葉土や宍道湖のしじみ殻、大根島の高麗人参などを含んだ自然の飼料と、地下100メートルから汲み上げた天然水を与えて育て、それらが産む卵を「天佑卵」として販売している。その卵を材料にしたプリンやバームクーヘンなどのスイーツも作り、販売する。

三つ目が山林事業。自社有林とグループ会社の所有林を合わせて、田部グループでは現在約4000ヘクタールの山林を保有している。それらを維持管理するため「伐って、使って、植えて、育てる」との方針のもとで循環型林業を実現する。

また、「オフセット・クレジット（J-VER）制度」の認証を得て、山林が吸収する二酸化炭素など温室効果ガスをオフセット・クレジットとして販売する。温室効果ガスの排出削減が難しいところでも、クレジットを購入することで間接的にガス削減に貢献する仕組みだ。

完全に自給できるコミュニティーを目指すべく、八つのプロジェクトが進行中

三つの事業とともに、八つのプロジェクトが進行中だ。

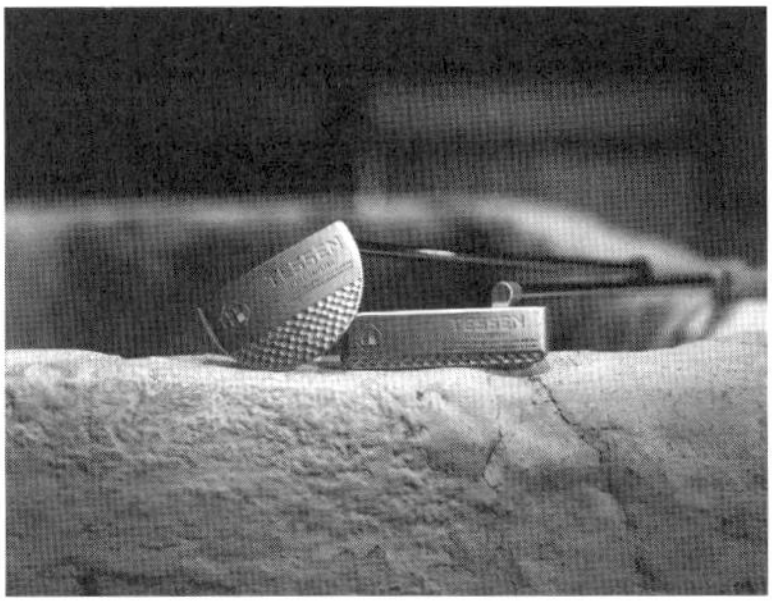

たたらプロダクト開発で生まれたパター「TESSEN」は、奥出雲でただ一人の刀匠・小林俊司氏が叩き鍛えた玉鋼鋼材が使われる逸品だ

たたら事業とともに進められているのが、「田部家のたたら吹き」と「たたらプロダクト開発」の二つのプロジェクト。「田部家のたたら吹き」は、炉に砂鉄と木炭を入れ、風を送り込んで燃焼させる「たたら吹き」を復興したもので、春秋の年2回、実施している。すでに6回を数えたのは既述の通り。「たたら吹き」とともに、企業城下町の面影を残す田部家邸内や重要有形民俗文化財である、菅谷たたら山内などの文化施設の見学をツアーに組み、外部からの来訪を促している。

また、「たたら製鉄」で作られる鉧から新しい製品を開

発するのが「たたらプロダクト開発」だ。鍔を鍛える鍛造などの工程を経て作られる刃物や鉄瓶、珍しいところではゴルフのパターもある。

吉田町内に設けられた鉄製品専門の「奥出雲前綿屋 鐵泉堂」で販売され、インターネット通販でも全国に届けられている。

ほかにも、桜の植林を行う「みんなで桜の杜」というプロジェクトもある。

2018年、吉田町の山間、杉の木を伐開《ばっかい》したあとの3・7ヘクタールの山に、7000本の山桜を植えた。わずか80センチほどの大きさで、育つまでには十数年かかる。山桜だけでなく、多種多様な桜の木を植えることも計画している。将来は、美しい桜を目当てに多くの人が訪れる新しい桜の名所にしたい。

桜が成長する間、落葉樹の桜は肥沃な土を作る役割も果たす。その養分は山を豊かにし、雨水を通して川も、海をも豊かにしていく。山林事業の「伐って、使って、植えて、育てる」の方針のもと、循環型林業を具体化した数十年がかりのプロジェクトだ。

「森の遊び場」は、森の中でレジャーを実現するプロジェクト。

キャンプやハイキング、野草観察、バードウォッチングなどができる環境を整備し、子供たちが遊べるアスレチックの施設の整備も進行中だ。樹々の間に渡されたロープを忍者のように歩いたり、ジップラインで森の中を滑走したりすることができる。小さな子供を持つ若いファミリー層の来訪を促したい。もちろん中高年、お年寄りも自然に親しむことができる。

「ふるさとの町のリノベーション」は、吉田町の田部家の旧邸宅跡やその周辺の建物を、多くの人が訪れて時間を過ごせるカフェやレストラン、ショップ、工房ギャラリーなどにリノベーションするプロジェクトだ。ベーカリーや蕎麦屋、ギャラリーショップ、アーティスト工房の建設も計画されている。

「かつて親父と酒を飲みながら、芸術村を作れば楽しいだろうなと話したことがあります。文化は大事。芸術や文化にお金を出して、自分自身も経営者としての人間の幅を広げたい。欧米のような一流の経営者を目指したい」と田部里長は語っている。

ゲストハウスやワーケーションのための滞在型施設を用意するほか、空き家をリノベーションして住宅に改装し、定住する人を増やしていく。現在吉田町の人口は1500人だが、これをまずは3000人にまで増やしたい。

「山と人を繋ぐ」は、林業体験や里山ウォーク、木工教室など、自然の中で学びながら里山の恵みを感じられる体験を企画するプロジェクト。川魚のつかみ取りやバーベキューなど多様なイベントにより、山と人を結び、同時に豊かな自然環境を守っていく。子供たちの団体による参加が続いている。

「出雲大社遷宮の杜」プロジェクトは、60年に一度行われる出雲大社の遷宮のため、檜の保全を図るプロジェクトだ。

2008年から行われた「出雲大社平成の大遷宮」では、屋根の葺き替えに檜皮《ひわだ》が全国から集められたが、県内産のものはほとんどなかった。調達は容易ではなく、次の「遷宮」でもいかに確保するかが課題となっている。

田部里長は、田部家25代当主として檜皮の無償提供を申し出て、2021年6月に出雲大社と協定書を結んだ。次の「遷宮」に向けて、まずは良質な黒皮を育てていく。檜皮は、樹齢100年から300年の樹木から採取する。品質が高く、収量の多い黒皮にするため、荒皮を13年間隔で繰り返し剝いでいく作業が必要だ。

檜皮は、各地の神社の遷宮や葺き替えにも用いられるが、全国的に生産量が減少している。〝遷宮の杜〟を守り維持していくことで、日本が誇る伝統文化、檜皮葺きの継承にも貢献したい。

「たたらはもともと裾野が広い事業です。砂鉄を取る人がいれば、炭を作る人も、またできた鉄を運ぶ人たちもいる。その人たちが暮らしていくための食べ物を作り、そのための作物を育てる人もいる。目標は3000人がここで暮らし、年間3万の人たちが訪れること。その人たちのための宿泊施設も作りますし、工芸的なこともやりますし、ありとあらゆることに取り組みます。養殖も養蜂もお酒造りも考えています。そうしてここで100％自給できるコミュニティーを作りたい」（田部里長）

何度でも訪れたくなる魅力的な地域にすれば、仕事も生まれてくる。新しい仕事を作り出して若い世代を引きつけ、多くのUターン、Iターンの人たちを迎えたいという。

限界集落を新たな魅力を提供できる場に変えて、負け戦を勝ち戦にする

「中学校で講演したとき、子供たちの反応は『本当にできるの?』『無理なんじゃない?』というものでした。大人にも『頭がおかしいんじゃないか』と言われたこともあります。でも、最近、事業やプロジェクトが実現したり、具体化していくと、『将来が楽しみです』と言ってくれる人が増えました。ウチの地元はすごい。そう思ってもらえるようになるとうれしいですね」

田部里長は「たなべたたらの里」づくりに取り組み始めてから、日々、発見の連続だという。山に登れば面白い樹木や岩が目につく。集落に行けば路地を歩くことが楽しい。ホタルが乱舞する川辺を見つけたこともある。改めて郷里の価値や美しさを実感するという。今まで気づかなかった魅力がまだまだここには隠れている。それを引き出し、形にしていきたい。

当面の課題は、これらの事業やプロジェクトを進める担い手の確保。当初は36人で始めた「たなべたたらの里」だったが、現在50人ほどにまで増えた。「思いを持った、思いを共有してくれる仲間があと3倍はいる」(田部里長)という。

「自分の代で完結しなくてもいい。次の代が継いでくれます。今、吉田町は人口1000人の限界集落。これをひっくり返せたらこれほど楽しいことはない。負け戦を勝ち戦にする。桶狭間の戦いの織田信長の気分ですね」(田部里長)

地元での期待は、日に日に高まっている。

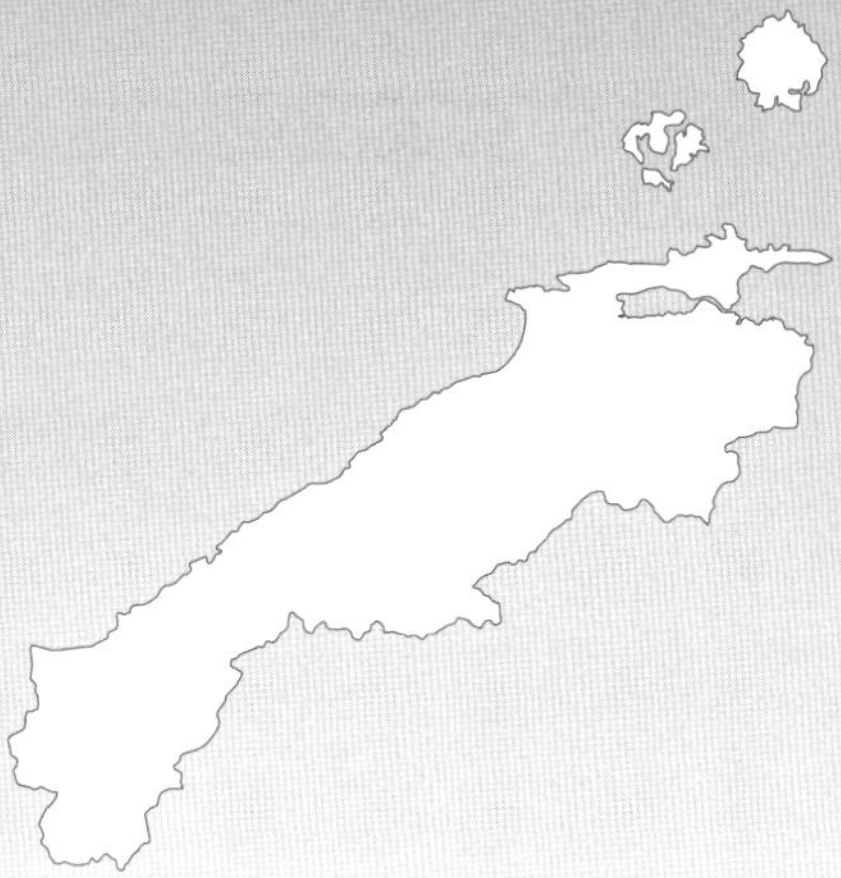

第3章

山陰の食を活かし、食にこだわる島根の注目企業

山陰の食を活かし、食にこだわる島根の注目企業

食品販売

島根さんれい株式会社

本当に美味しい本物の味を届けながら
地元に貢献する新しいビジネスモデルを作る

浜田市にある島根さんれい株式会社の本社

設立／1999（平成11）年1月

事業内容／冷凍食品及び業務用総合食品の販売

資本金／5000万円

従業員数／94人（2021年4月現在）

所在地／〒697-0017 島根県浜田市原井町3050番地7

URL ／ http://www.rakuten.ne.jp/gold/shimanesanrei/

浜田自慢の水産加工品を中心に販売。西は山口県萩市から東は松江市まで、人々の食文化を支える

「中山間地で人口減が激しいところであっても食材を届けていく。新しい商品はもちろん、先進的な料理方法なども提案・提供していく。過疎化が進んでいるからこそ、なんとか事業をつないでいく。それが我々の使命と思ってやっています」

島根県の西部、浜田市。ここに本社を置く島根さんれいは、県西部と隣接する山口県萩市、さらに島根県東部の松江市で食品を販売している。過疎地だからこそ、この仕事に意義があると強調するのが、この土地で40年以上働いてきた長門竹行社長だ。

1 浜田の厳しい基準をクリアした、三種の干物がセットになった「どんちっち三魚」
2 島根さんれい株式会社の代表取締役社長・長門竹行氏
3 県内随一の水揚げを誇る浜田港では、毎日多くの魚が水揚げされる

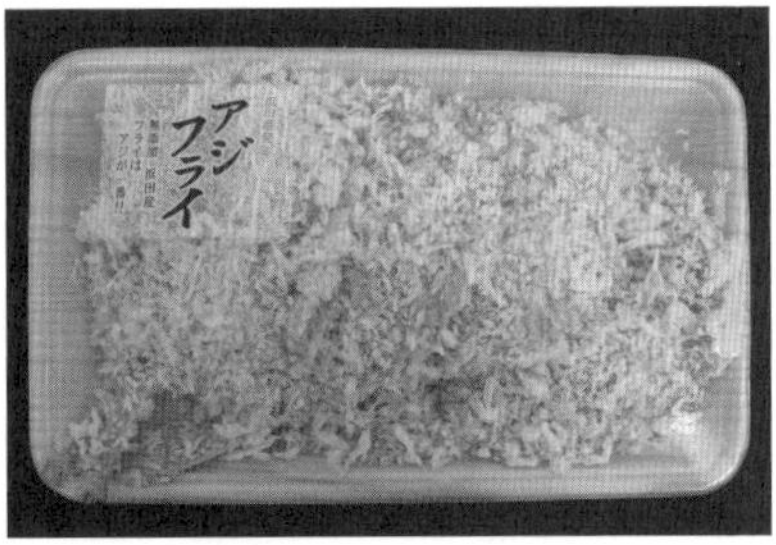

地元浜田産原料使用の「アジフライ」は、地元のスーパーや居酒屋などの人気商品になっている

同社の扱う商品は、干物などの水産加工品や冷凍食品、調味料、畜肉、さらに厨房で使う洗剤やラップなどの非食品まで幅広いが、中心はなんといっても浜田が得意とする水産加工品である。

地元の飲食店や弁当店には、惣菜やその材料として、また、小中学校や工場などへは給食の食材として販売している。営業担当者が地元を回りながら営業することはもちろんだが、「美味良品　島根参丸堂」というインターネット通販のサイトも開き、全国へ向けて販売をしている。「参丸堂」とは、社名の島根さんれいを3と0に見立ててつけたネット上の店名。

そこに並ぶのもまた、超高級魚の「のどぐろ開干し」や、日本一の生産量を誇る「カレイ一夜干」、それらにアジの干物を加えた「どんちっち三魚」など、浜田が誇る魚の加工品の数々だ。「どんちっち」とは浜田の魚のブランドで、厳しい基準をクリアしなければ名乗ることはできない。たとえば、アジの脂質は一般には3~4%程度だが、「どんちっちアジ」は平均で10%以上、旬の時期には15%を超え、一度口にすれば、忘れられない味だという。

最近、そのアジを活かした「アジフライ」も作り、地元でブームを呼んだという。サクサクしたフライの食感とともに、脂の乗ったアジが評判を呼び、地元の食品スーパーの惣菜売り場でも、居酒屋でも人気商品になった。もちろん、通販の「島根参丸堂」でも「浜田産アジフライ」として販売されている。

地元の産品と産業を活かして数々のヒット商品を開発

島根さんれいの設立は1999年1月。浜田で食品販売に携わる島水が分社化を図った際、販社機能を山陰酸素グループの株式会社さんれいフーズに譲渡して新たに生まれた会社だった。長門社長が1978年、20歳のときに入社したのが島水だった。

同業で親会社のさんれいフーズは鳥取県や島根県東部をエリアとしていたため、生まれ変わった島根さんれいは、継続して島根県西部で食品の販売に携わることになった。

「川上から川下まで顔の見える商売をしよう。仕入れ先とお客さまとをマッチングさせて上手につないでいこう。そのことを改めて勉強し直しました。また、合併によって新しいシステムを導入することで、ただの〝魚屋〟から、きちっとした〝商社〟になることができました」(長門社長)

長門社長自身、営業推進部の社員として会社の立て直しの真っ只中にいた。

島根さんれいがエリアとした島根県西部では、食品スーパーに卸す「内食」はもちろん、弁当・惣菜店や学校給食、企業の食堂で用いる食材——「中食」にも、また、居酒屋をはじめ飲食店などの「外食」にもすべてに対応する姿勢で挑んだが、同じグループのさんれいフーズが得意とす

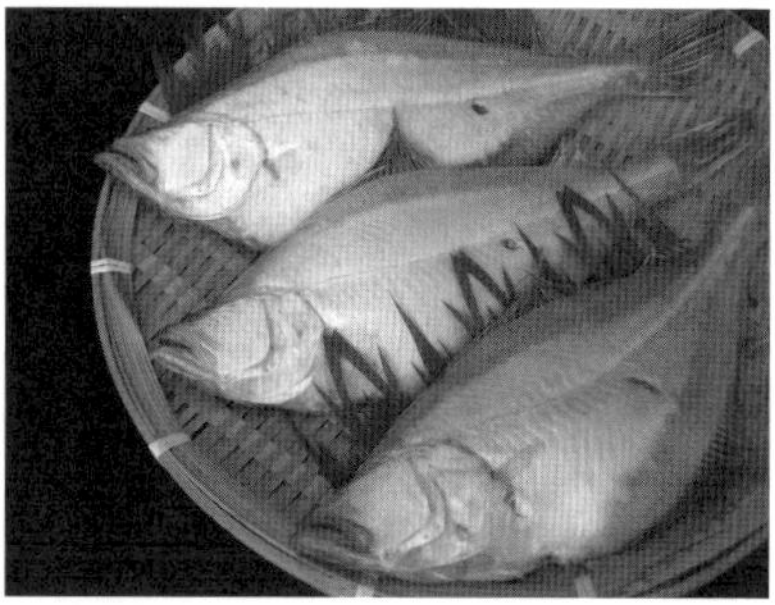

以前、高級品だったカレイを値頃感のある商品として販売したところ、大ヒットしたという

る瓶、缶、調味料や畜肉関連のアイテムが加わったことで、いっそう地域の食のニーズに応えられる存在になっていったという。

浜田の仲買業者や加工業者と協力して商品開発も盛んに行った。

「30年ほど前の話になりますが、爆発的に売れたのが『カレイの一夜干し』でした。当時カレイの干物は高値で2～3枚入りのパックや、1枚でバラ売りするなどがせいぜいでしたが、食品スーパーのバイヤーから『1000円で値頃感のある商品はできないか』と要望があり、地元の加工会社の協力で10枚入り1000円という画期的な商品を作ったところ大好評でしたね（笑）」（長門社長）

浜田には粒《つぶ》選《よ》りの水産加工業者が揃っており、それを活かした仕事だった。前述した「どんちっち三魚」、「のどぐろ開干し」なども同様だ。

浜田名物「あん肝の水煮」をよみがえらせたこともある。不況で製造できなくなってしまった製品だったが、島根さんれいほか5社と行政の協力により、昔の味を再現したレトルトパックとして復活させた。

地元の人々の暮らしに必要不可欠な「食のエッセンシャルワーカー」を目指して

数え切れないほどの商品開発で生まれてきた浜田ならではの商品と、それを作る地元の産業、そして地元と全国の消費者に支えられ、島根さんれいは成り立っている。

この数年は、新型コロナウイルスの蔓延による巣ごもり需要のため、内食、中食は伸びる傾向が続いてきた。一方、飲食店などの「外食」への食材提供は低迷気味だ。なんとしても回復させたい。そのため今後、力を入れていくのが鮮魚と畜肉だという。

特に鮮魚については、２０１１年の東日本大震災以降、大手水産会社は養殖場を東北から各地へ分散させており、山陰にも新しい養殖場ができた。そこで育つ新鮮な魚を活かすため、今後島根さんれいでは加工分野に踏み込んでいく。自社で加工場を運営することで、少量の切り身がほしい、刺身など加工したものを仕入れたい、そんな顧客の要望に細かく応えていく。またそうすることで「本当に美味しいもの、本物の味を伝えていきたい」と長門社長は語っている。

もう一つ、島根さんれいの大きな課題が、地域へいかに貢献していくか、ということ。

現在、浜田にはかつての勢いはない。盛んだった底引き網漁に携わる船舶はピーク時の10分の1ほど、巻き網漁も同様だ。人口減、高齢化は急速に進み、特に山間部では顕著である。

しかし、だからこそ島根さんれいの役割があると長門社長は言う。

目先の仕事だけでなく、地域とのつながりも意識した社員が育ちつつある

「仕入れ先と我々とお客さま、川上から川下までのサプライチェーンでタッグを組み、全員で地域に向き合わなければなりません。また、今後、弊社では病院食や介護食などをさらに充実させ、これまで未着手の商品も扱っていく必要があります。取り扱いアイテムは10万を超えるかもしれませんが、それを効率的に管理するシステムを構築し、人口減が進む中山間地に届ける、という難しい課題も克服しなければなりません。若い子たちには、地域とともにある会社という姿勢で地元に寄り添ってほしい。食品に携わる我々は〝エッセンシャルワーカー〟です」

会社の利益のためだけではなく、地域社会と深くつながりつつ、いつも地元のことを考える人材を育てたい。

「ここは過疎の最前線ですが、いずれ日本中が同じようになっていきます。どのようにお客さまと仕入れ先とをつないで、地域を巻き込みながらコミュニティーを作っていけばいいのか。どのように生きていけばいいのか。全国に先駆けてモデルを作っているつもりです」

「地域とともに」をスローガンに、地元の仕入れ先や顧客はもちろん従業員も大事にしながら産業を守っていく。それにより過疎の最前線であるこの土地で、どこにもないビジネスモデルを作っていく。

それが仕事のやりがいであり、誇りでもあると長門社長は語っている。

包装資材の卸売業

株式会社 タカハシ包装センター

顧客の発展に貢献することを理念に掲げ
「地域をもっと元気に!」と
「浜田発全国へ世界へ!」を合言葉に

タカハシ包装センターで取り扱うさまざまな包装資材

創業／1975（昭和50）年11月
事業内容／包装資材、副資材、各種機器販売、漁港における荷役業務
資本金／3500万円
従業員数／180人（常勤90人、アルバイト90人）2022年7月現在
所在地／〒697-0017 島根県浜田市原井町3050-34
URL ／ https://www.takahashi-hc.co.jp/

「包装資材の卸」の枠にはまらない会社

「地元は過疎化の先進地域です。人口減少、少子高齢化は止まらず、マーケットは縮小し続け、消費は低迷、労働力不足は深刻です。そんなところでも県外からは大手企業が参入してきます。どうすれば生き残れるか。自社の都合ばかり考えるのではなく、取引先の発展に寄与すること。それが答えでした」

島根県浜田市に本社を置く株式会社タカハシ包装センターは、従業員約１８０人の包装資材の卸売業を事業とする企業。これまで目指してきたことを語るのは、高橋将史社長だ。

同社が扱う商品は、食品スーパーでおなじみの野菜や肉、魚をパックする食品用トレーやラッ

1 浜田市にある株式会社タカハシ包装センターの本社
2 株式会社タカハシ包装センターの代表取締役社長・高橋将史氏
3 市場内での魚の選別や運搬などの荷役業務も行っている

プ、段ボールをはじめ、地元の水産業者が水揚げ時に用いる発泡スチロールや木箱、コンテナーと呼ばれるプラスチック製のケースなど、各種包装資材が主なものである。
パネルやのぼりの販促ツール、リーフレットなどの販促物も扱っており、一部は内製化しているが、これは取引先の要望に応えてきたことによる。ほかにも各種包装機をはじめ、梱包機、計量器、金属検出機などの機器類は、包装資材を扱ってきたことから発展してきた分野の一つ。だが、興味深いのは、その中に自社開発の製品も含まれていることだろう。

自社で開発したからくり式自動反転機「てまいらず」

からくり式自動反転機「てまいらず」は、取引先の食品会社からの要望に応えて開発された。商品を包装する工程では、フィルムが下から出て商品を包み込み上部でシールする。シールした面は、通常は商品の裏面になるため、そのまま検品の工程へ進んだとき、わざわざ人手で反転させる必要があった。この工程を機械化しようとすると、数百万円単位の費用が必要だった。
そこでタカハシ包装センターでは、商品をステンレスの筒に通すだけで、ガイドに沿って商品が反転する装置「てまいらず」を作った。動力は必要なく、制作費も30万円ほど。納品した食品会社にはたいそう喜ばれたという。２０１３年に開発して以来、改良を続け、特許を取得することができた。

農作物用のトレーサビリティシステムも食品スーパーの相談を受けて提供した。使用を禁止されている肥料のチェックができるだけでなく、産直野菜のパッケージについているバーコードを読み取れば、いつ肥料を使ったのかなど、生産の履歴を知ることができる。

消費者に安心感を持ってもらえるだけでなく、野菜類を作る生産者にとっても、消費者が関心を持っているという、いい意味での緊張感のもとで仕事ができ、やりがいも出てくる。販売する食品スーパーにとっても、安心安全な地元の野菜を提供することができ、ひいては自社へのロイヤリティが高まるメリットもある。

いずれも「包装資材の卸」という業務に関連しつつも、その枠を大きく超える仕事といえるだろう。自社都合で売りたいものを売るのではなく、取引先の発展や地域の発展に貢献することを第一義に考えて取り組んだ結果だ。同社の経営理念「Package Solution Corporation（パッケージ・ソリューション・コーポレーション）」を目指す中で生まれてきた発想だ。

地元と全国・世界へという二つの方向を同時に目指す

タカハシ包装センターは、現在の高橋将史社長の父親、眞勝氏が１９７５年に創業した会社。社名の通り、包装資材を扱う卸として出発したが、早くから地元企業や産業の状況を理解し、業務内容にこだわらずに地域に役立つ存在であろうとした。たとえば、浜田漁港での仕事がそのことを示している。

当初、タカハシ包装センターは、本業に沿って漁業者に、獲った魚を入れる木箱や発泡スチロールの魚函を提供していた。だが、漁港の人手が不足する中、水揚げされた魚を船から港に下ろす荷役サービスも引き受けるようになった。

2000年前後からは、浜田港に水揚げされた魚の選別作業にも関わるようになった。現在、荷役業務は大田市の水産物市場でも行われ、浜田・大田併せて約百人の体制で取り組んでいる。

「浜田市は漁業が基幹産業ですが、当時から漁業者も漁獲高も減少し、衰退が懸念されていました。浜田漁港の活性化なくして、自社の発展、地域全体の発展はありえません。たくさんの漁業者の船が、浜田の港に入ってほしい。地元に貢献したいという想いで、漁港の荷役サービス、選別作業を行っています」(高橋社長)

事業拡大を狙ったわけではない。事業者が減り、地元の漁業が成り立たなくなることを危惧してのこと。地元の産業を維持、発展させたいという気持ちからだった。

2008年、高橋氏が社長に就任したときには、以前からあった経営理念「Package Solution Corporation」を再確認し、ここでも地元への貢献の姿勢を明確にした。

包装資材や副資材、販促ツール、あるいは包装に関わる各種機器を扱うだけでなく、取引先とノウハウや情報を共有しながら協力関係を築いて、取引先の問題点を解決する。そしてお互いに繁栄する「Ｗｉｎ－Ｗｉｎの関係」を構築する。

サプライチェーンの川上である生産者やメーカーにも、川下である小売店や一般消費者にも、両方向にくまなく目を配りながらビジネスを展開し、「地域をもっと元気に！」と「浜田発全国へ世界へ！」という二つの方向性を打ち出した。

「地元の企業を応援し、成長してもらえれば、ともに勝ち残っていくことができます。お客さまの発展に貢献するには、当社の川上や川下への事業の垂直展開が不可欠です。荷役サービスもお客さまに寄り添う形で引き受けていきますし、お取引先のお役に立てるような自社商品の開発にも力を入れます。大資本が地方に展開してくるなど厳しい環境ですが、地方から全国へ、世界へと展開ができる、夢のある会社にしていきたいと思います」（高橋社長）

取引先が廃業したり倒産したりしている現実を目の当たりにしてきた、生々しい経験から得た結論だった。こうして生み出されてきたのが、冒頭であげた、からくり式自動反転機「てまいらず」やトレーサビリティシステムだった。

だが、これらはほんの一例にしか過ぎない。タカハシ包装センターが作り出してきたユニークな商品やサービスを見ていこう。

地元の生産者、メーカー、小売店がコラボできる「しまねキッチン」

地元へ貢献する姿勢を表した、タカハシ包装センターの代表的な施設が「しまねキッチン」だろう。2014年11月、益田営業所内に厨房機器を入れて調理ができるようにした。同じ部屋には、食品スーパーの店で実際に使われている陳列ケースや陳列台も置き、そこに食品トレーなどの包装資材も展示した。

調理して試食しながら新しい商品を開発したり、食べ方を提案したりできるだけでなく、作ったものをどんなパッケージに入れて棚に陳列すれば映えるのか、実際に棚に置いて、照明の色や照度を変えながら、総合的な視点で商品開発を行うことができる。

地元の農家や漁業関係者、食品メーカー、食品スーパーなど、川上から川下までの企業が集まり、共同で地域の産品を用いた新商品開発を行うこともできる。驚いたことに、利用は無料。

「スーパーマーケットを展開しているキヌヤさんが、地域の食材の売上構成比を上げたい。そうすることで地域経済の循環を促し、活性化させたいと熱心に取り組んでいました。当社としてできることをと考え、地元産品の商品開発を一緒にやりませんかと持ちかけたことが、最初の仕事になりました」（高橋社長）

当時、キヌヤでは本社を置く益田市のケーブルテレビで料理番組を提供し、そこで地元の食材を用いた総菜を紹介、店での販売も計画していた。新しい惣菜の検討のため、料理番組を担当す

地元の食品関係者が利用できる厨房設備が完備されている「しまねキッチン」

るフードコーディネーターがやってきて料理を提案、調理、試食しながらキヌヤの担当者らと意見交換をした。

その後も地元の農家や漁業関係者、食品メーカーらが活用して、地元で採れる農作物や水揚げされる魚を用いた商品開発が行われてきた。

益田市内の高校生と地元スーパーのコラボによる「ぶどうの押し寿司」も「しまねキッチン」で生まれた商品の一つ。高校生が学校で育てているぶどうの果汁を用いて試作を繰り返す横で、スーパーの担当者がすぐに原価を計算、ほんのりとぶどうの甘みが広がる押し寿司ができあがった。

「しまねキッチン」は、このような商品開発のほかに、外部講師を招いてのセミナーや商品の展示会などにも使われ、現在は益田営業所のほか、浜田市の本社にも作られ計2カ所になっている。

タカハシ包装センターの取引先も増え、売上向上にも貢献した。まさに地元企業との「Ｗｉｎ－Ｗｉｎ」が現実となったわけだ。

段ボールとは思えない美しさと完成度の陳列台「しまねDブリッヂ」

タカハシ包装センターでは、自社開発にも取り組んできた。

ペーパーハグは、細長いクラフト用紙に切れ込みを入れた製品で、ねじりながら組み立てると、取手のついたカップホルダーになる。

テイクアウトのときに利用される紙製のカップホルダー「ペーパーハグ」

「（顧客にテイクアウトで紙カップを渡すときは）紙カップをホルダー台紙に置き、さらに紙袋に入れています。カップ、台紙、袋それぞれの管理が必要になりますし、もっとおしゃれにできないでしょうか」。そんな飲食店の声をきっかけに開発した。

組み立てる前は1枚の紙なので、運送や保存にスペースを取らない。紙の材質を変えたり、表面に自由に印刷もできる。現在、チェーン名を印刷してカフェに置かれ、テイクアウトのために利用されている。

「しまねDブリッヂ」も、同社が独自に開発した製品の一つ。

駄菓子の陳列台に利用されている紙製什器。オーダーメイドなので色やサイズ、デザインを自在に設定できる

服飾店や雑貨店向けに開発された、段ボール製の陳列台「しまねDブリッヂ」

カットした段ボール板を何枚も貼り合わせて作った店舗用の陳列台だが、波状の断面を活かしたデザインの美しさに目を奪われ、とても段ボール製とは思えない完成度を誇る。

「段ボールはカットした面で見え方が変わります。ただ貼り合わせれば重くなり、軽くするには設計を工夫する必要があります。また湿気の影響も受けます。それらを十分に計算しながら、当社の職人が一つひとつ仕上げました。段ボールについての豊富な知識と経験がなければできない技です」（高橋社長）

バッグを製造販売するバルコス（鳥取県倉吉市）の依頼で製作し、実際に同社が展開する百貨店内の売り場や直営店で使われている。

木製の陳列台に比べて軽いことも「しまねDブリッヂ」の利点といえる。また、段ボールのため、形をラクに変えることができ、表面への印刷も可能。同社では現在、「オリジナル紙製什器（ペーパーディスプレイ）」として、設計から製造まで細かく要望に沿った什器作りも始めた。

高橋社長は、この「美術作品のような唯一無二の什器」を、主に首都圏のブティックや雑貨店、画廊、学校などに広め、将来は海外展開も考えている。自社内で「デザイン什器」という新しい分野の事業を確立したいという。

M&Aで東京の印刷会社を買収、一方では地元に貢献すべく、運送業を開始

2019年12月、タカハシ包装センターは東京の印刷会社、キョウワを買収しグループ会社とした。取引先にはコンビニなどの食品関連の小売業者があり、タカハシ包装センターと共通するところが多い。今後、首都圏への展開の足がかりにできると考えた。

2021年3月には、物流倉庫を併設した静岡営業所も開設した。新型コロナウイルスの蔓延で、簡単に遠出はできなくなったが、一方では、コロナ禍でテイクアウトや冷凍食品の包装資材の需要が増えており、チャンスと見ている。また、段ボールの特性を活かした店舗什器「しまねDブリッヂ」の首都圏展開、全国展開も図っていきたいという。

一方、地元では新たに運送業を大田営業所（島根県大田市）でまず開始した。県内のほかの営業所でも行い、さらには県外へと広げていく予定だ。漁港での水産物の運搬から始めるが、いずれは農作物の運搬なども行い、人手不足に悩む取引先の支援になりたいと考えている。

「地元経済が縮小する中、同じようなことをしていれば一緒に停滞してしまいます。商品・サービスの幅を広げることで、取引先とともに成長していきたいと考えています」（高橋社長）

タカハシ包装センターの仕事の舞台は、島根県西部から山陰、山口県へと広がってきたが、現在では九州、首都圏、中国の上海にまで広がっている。

課題の解決を図る「Package Solution Corporation」の経営理念のもとで目指す「地元を元気に！」と「浜田発全国へ世界へ！」の二つの目標。それらを理解し、一人ひとりの社員が自分で経営目線を持って行動できる「経営人材」を育成していきたい。そして、会社を加速度的に発展させていきたいと考えている。

「〝人を創り、人を育て、人で勝負する会社〟にしていきたい」と高橋社長は語っている。

新しいことに取り組むと、当然、思いもよらぬ困難にぶち当たるときもあるだろう。ストレスだって決して小さくはない。だが、その一方で、成功したときの達成感は、通常では感じることのできない格別なものになるだろう。どんなときにも、ひたすら前向きな姿勢で取り組むことができるような人が飛び込んできてくれる日を、高橋社長は待ち望んでいる。

山陰の食を活かし、食にこだわる島根の注目企業

（食品製造・卸・販売）

中浦食品株式会社

新商品、新ブランド、そしてコラボ 変わり続ける世の中に常に最適な商品を

設立／1947（昭和22）年（創業1686〈貞享3〉年）

事業内容／贈答品・観光土産品の製造、卸、販売

資本金／5000万円

従業員数／165人

所在地／〒699-0109 島根県松江市東出雲町錦浜583-41

URL ／ http://www.nakaura-f.co.jp/

コロナで売り上げは激減、だが悲壮感はなし

数ある山陰のお土産品の中でも、全国的によく知られているのが「どじょう掬いまんじゅう」だろう。製造するのが島根県松江市の中浦食品だ。贈答品や観光土産品などの食品製造に携わるだけでなく、それを全国へ向けて卸したり、自ら店舗を構えて販売している。

ひょっとこのお面そのままのユーモラスな「どじょう掬いまんじゅう」は、１９６６年の発売以来、半世紀以上にわたるロングセラーとなってきた。初めは白あんの製品だけだったが、その後、抹茶あんやチョコあん、いちごあんなど種類が増え、今は他社とのコラボレーションで数々のバリエーションが生まれている。

1 2019年5月、出雲大社の神門通りにオープンした「いずもちーずけーき本舗」
2 宍道湖産のしじみを使った「薬膳しじみスープ」
3 他ブランドとのコラボ商品の一つ「どじょう掬いまんじゅう ミルクチョコあん」

松江市東出雲町にある中浦食品株式会社の本社

中浦食品が扱う食品は菓子類だけではない。鳥取県境港市の「大漁市場なかうら」で並ぶのは、地元で獲れる海産物の数々だ。

冬場一番の人気商品が松葉がに。水揚げされた姿そのままで売られている。宍道湖のしじみは、冷凍品やレトルトの加工品として1年を通して人気が高い。鮮魚、干物、缶詰、瓶詰め加工品も数多く揃う。これらは店舗だけでなく、ホテルや駅、街なかの土産物店などあらゆるところに置かれている。

通販を通して全国へも届けられている。山陰の顔ともいうべき存在だ。

だが、2020年、世界的に蔓延した新型コロナにより状況は一変した。山陰を訪れる観光客は限りなくゼロに近くなり、お土産品はまったく売れなくなってしまったのだ。

「売り上げは大幅ダウン。25%ダウンじゃありません。75%のダウンです。（2020年）4〜6月期は前年の25%です」。こう語るのは中浦食品の鶺鴒《ささき》順社長だ。

深刻な事態のはずだが、鶺鴒社長の表情に陰りや焦りは見られない。言葉とは裏腹にサバサバと語る様子が不思議だ。

「そりゃあ深刻ですよ。そうでないわけがない。でも、過去を振り返れば、ウチの大きな事業は、酒造業から始まり、大敷網事業もやりましたし、今ではこの観光土産品、つまり食品製造業に携わるようになり、絶えず変わり続けてきたわけです。そしてこの観光土産品の商売も今年でちょうど100年。あと50年以内には次の商売を見つけなければ」(鵜鶏社長)

世の中は変化し続け、事業もまたそれに合わせて変わり続けなければならない。新型コロナウイルスによる危機も、世の中の変化の要因の一つ。次に立ち上げる新事業を考える要素の一つでしかない——そんな思いが透けて見える。

次々と現れる危機に機敏に対応する300年企業の〝変わる力〟

中浦食品の創業は1686年、300年以上も前のことだ。主たる事業だけでも酒造業や大敷網事業、現在の食品製造があるが、それ以前から松江藩のもとで庄屋職、問屋職や為替方なども務め、450年以上の長い年月の間、世の中の変化に機敏に対応してきた。

ごく最近に話を絞っても、鵜鶏社長自身、いくつもの大きな変化、そしてそれに伴う危機をくぐり抜けてきた。

「私が代表権を持ったのは1989(平成元)年、専務取締役(29歳)のときでした。幸い財務内容はよく、自己資本率も非常に高かったので、それから7年をかけて約20億円を投資に回しま

した」（鶴鵜社長）

投資先は当時の主事業の食品製造関係ばかりではなかった。小売のための店舗へ意識して投資した。

1992（平成4）年にオープンした鳥取県境港市の「大漁市場なかうら」もそれによって生まれた店舗の一つだ。同じ年に岡山県真庭市と鳥取県米子市とを結ぶ米子自動車道が開通し、山陽から米子、さらに境港市へのアクセスが良好になることを見越してのことだった。

確かに、境港まで足を運ぶ観光客は増え、1997年4月の「古代出雲文化展」（島根県松江市）や同年7月の「山陰・夢みなと博覧会」（鳥取県境港市）が開かれたことで、さらに多くの観光客が山陰を訪れるようになった。「大漁市場なかうら」はそのまま売り上げを上げていくかに思えた。が、そこへ立ちふさがったのがバブル経済の崩壊、その後の金融崩壊だった。

1997（平成9）年の社長就任後は、業績も急激に悪化しボロボロ。バブルが崩壊後の97年11月、北海道拓殖銀行や山一證券が経営破綻し、日本中、いやアジア全体が金融危機に直面した。「金融崩壊の影響は誰の目にも明らかでした」（鶴鵜社長）。

「それまで43億円あった売り上げが一気に8億円落ちて35億円になりました」（鶴鵜社長）

その後も売り上げは減り続け、2004年までの7年間で3割落ち込んだという。倒産する取引先も現れた。

しかし、この時点で、専務時代から小売事業へ投資してきたことが支えになった。売り上げは激減したものの、製造から販売まで一貫した体制を築いたことで収益性は向上していた。卸主体の事業から、卸と小売の両輪の事業への転換で利益を確保することができ「なんとか耐えられた」（鵜鶉社長）という。

しかし、その後も変化と危機は続いていく。

「大漁市場なかうら」で始めたのが通販事業だった。同店を訪れた顧客はもちろんその場で買い物ができるが、気に入った商品を贈答品として各地へ送ることもできる。店頭で実際に活きのよい海産物を見て品質を確認して納得したものを送ることができる。

中浦食品の代表取締役社長・鵜鶉順氏

現実の店舗があればこそ可能になる通販で、一度、利用した顧客であれば、その伝票から住所や電話番号を知ることができる。販促物を送ることで、顧客はもう一度来店しなくとも商品を買ったり誰かに贈ったりすることができるようになる。

この有店舗通販は、顧客の利便性を大きく向上させるビジネスとして大いに期待され、実際、始めてから数年は好調に伸びていったが、個人情報保護法がそれを阻んだ。伝票の顧客情報を自由に使うことが難しくなったのだ。バブル崩壊、金融危機に次ぐ第2の危機だったという。

そのほかにも「阪神淡路大震災」「鳥取県西部地震」など、

経営を揺るがす危機はいくつもあった。

コロナ禍でも黒字、新ブランド「いずもちーずけーき本舗」

そして現在、新型コロナの世界的感染で大幅な売上減になったことはすでに述べた通り。だが、同社の対応は早かった。

「2020年3月に緊急事態宣言が出ると、すぐに会社は計画休業に入ることにしました。それで雇用調整助成金の支給を受けつつ、持っている投資有価証券や保険積立金などのキャッシュにできるものはすべてキャッシュに替え、借入金は全部返して、無利息の県の融資を受けるようにしました」（鶴鶴社長）

社内では経費削減を徹底した。

「棚卸資産を圧縮したり、償却資産でも売れるものは売ったりですね。あとは役員の賞与をカット。従業員も休業手当とともに計画休業に応じてくれて、また、とても悩みましたが賞与も我慢してもらいました」（鶴鶴社長）

工場でもオフィスでも自動化できるものは自動化し、省力化に務めた。アウトソーシングできる仕事は次々と出すことにした。計画休業で出勤する従業員が減るため、仕事が回るようにしたかったためだ。

これらはいわば防衛的な対応だが、同時に同社は積極的に打って出た。コロナで停滞するのではなく、むしろコロナをきっかけに組織改編や商品開発など、社内の課題解決を一気に進めたのだ。

2020年9月、各部署のトップを30代、40代の従業員中心に代えた。過去の成功体験にとらわれず、新しい試みに挑戦したかったからだ。以前から計画していたことだったが、コロナ禍をきっかけに前倒しした。

また、従業員にはiPhoneを支給した。あらかじめチャットやカレンダー共有、プロジェクト管理のアプリをインストールしてあるので、誰がいつどこにいても連絡が取れる。また、全員にすべての情報が行き渡り、各地で進むプロジェクトの進行をくまなく知ることができる。実際、この仕組みにより、あちこちで進む商品開発が大きく前進した。

会社の代表権は、すでに2019年、鵜鶏侑副社長にも与えられ、鵜鶏順社長とともに2名体制になっていた。自在に動き回り、その場で決断を下せるようになった侑副社長は、新しい事業の立ち上げに大きく貢献していくことになる。

その代表的な例が「いずもちーずけーき本舗」だろう。

出雲市の出雲大社には、八百万の神が集まるといわれる出雲の国を代表する神社を参拝するため、あるいは最近は縁結びの神様にお祈りするために、多くの人が訪れる。文化的にも観光としても価値の高いところだが、そこへ通じる南北約700メートルの「神門通り」には多くの店が並ぶ。その通りのちょうど中間地点、飲食店や土産物店などが入る「しんもん横丁」の一角に

2019年5月にオープンしたのが「いずもちーずけーき本舗」だ。

建物は黒い柱に白壁、屋根は瓦の純和風で、店頭の朱色の柱と黄色ののれんがアクセントのかわいらしい店だ。販売する「いずもちーずけーき」は、透明な瓶にベイクドチーズケーキと生クリームチーズケーキを重ねて詰め、その上にぜんざいやいちごジャムをのせた異種混合のスイーツだ。そのまま食べてもよし、別売りの最中《もなか》にのせて食べてもよし。チーズケーキと最中という和洋折衷の意外な組み合わせが人気で、特にスイーツ好きの女性客が数多く訪れている。

「中浦食品という名前を一切出さずにオープンしました。店内は10坪ほどしかありませんが、そこで製造も販売もすべてを完結させます。2020年はどの事業も赤字に苦しみましたが、『いずもちーずけーき本舗』だけは黒字でした」

うれしそうに話すのが、同店を立ち上げた侑副社長だ。

オープン1年後には、コロナ禍で地域の観光業は大打撃を受けたが、この店だけは黒字だった。

「いずもちーずけーき本舗」というブランドを前面に推し出す手法は見事成功した。

商品開発も活発化、地元、さらに全国と多彩なコラボを

もう一つ、中浦食品が得意とする地元の特産品を用いた〝ブランド化〟の企画も進んでいる。

その一例が、しじみの専門会社だ。

「宍道湖にはしじみ漁師が300人くらいいますが、漁師さんと一緒に会社を立ち上げました。漁師自らが獲ってきたしじみを選別したり、砂抜きをしたり、さらに製造加工したり、営業や発送まで行います。〝6次化〟を1社でやってしまおうという試みです」（鵜鶴副社長）

生のしじみをはじめ、レトルト加工したしじみ、薬膳アテンダントと共同開発した薬膳しじみスープなど、多彩なしじみ製品を送り出す。使われていなかった水産工場を借り、工場にした。従来から製造販売してきたしじみ製品と合わせて、「宍道湖しじみ」を強力なブランドとしてさらに押し出していく。「大漁市場なかうら」はじめ各店舗で販売、通販でも取り扱うほか、全国でも販売される予定だ。

新事業の立ち上げに奔走している鵜鶴侑副社長

商品開発も精力的に進められている。最近は特に他社とのコラボレーションが目立つ。

数々のバリエーションが生まれている「どじょう掬いまんじゅう」は、最近も安来のいちごを用いたり、鳥取の二十世紀梨のジャム入りの製品を作ったり、地場産品を用いた製品開発が続いていた。そんな中、コロナ禍真っただ中の2021年1月に、「どじょう掬いまんじゅう ミルクチョコあん」が発売された。鳥取県の大山乳業農業共同組合の「白バラ牛乳」を練り込んだチョコあん入りの製品だ。

現在もう一つ、久世福商店で知られる長野県飯綱町のサンクゼールとのコラボも進んでいる。「どじょう掬いまんじゅう」で「いちごミルクの素」をイメージした「いちごミルク味」や地元の森田醬油を使用した「醬油みるく味」を共同開発し2022年1月より全国の久世福商店で発売している。

「商品企画ですか？　もうバラッバラですね。営業が考えたり、各店のスタッフが現場で拾ったお客さまの声をもとに開発してみたり……。山陰圏内でも地域によって取り扱う品物がまったく違いますから、現場に任せなければ何も進みません」（鶴鶴副社長）

「大漁市場なかうら」をはじめ松江、出雲、境港などで展開されている中浦食品の直営の8店では、「チョコを使用した商品を売りたい」「夏向けの商品がほしい」「ご当地炊き込みご飯が食べたい」など、その地域独特の要望が出てくるという。そんな声を丹念に拾い集め、商品化を進めている。

また2022年3月に、つぼ焼き芋とジェラートの専門店を新ブランドとしてオープンし、新たなチャレンジも進行中だ。

これからは業界の再編も視野に入れて、会社そのものの一新を図る

「グループ会社の合併も行いました。人手が足りなくなることは明らかですから、仕事量も減らさなければ」（鶴鶴社長）

社内の改革だけではなく、グループ全体の改革も進める。さらにその先に見えているのが業界の再編だという。「このままでは地域が立ち行かなくなってしまいます。観光一つとってみても、従来のあり方はもう通用しない。観光という形そのものが、業界そのものが大きく変化せざるをえません」（鵜鶉社長）

すでに地域ではあちこちで企業の買収話が持ち上がっている。グループ内の合併後は他企業とのM&Aも選択肢の一つになりそうだ。

「さまざまな選択肢を作り、従業員にとっても希望を持って働いてもらうために」と鵜鶉社長。

一つの事業は続いても150年、現在の食品製造業もあと50年、いや、世の中の変化のスピードからすれば、もっと早く見直す必要がある。それに合わせて事業も会社のあり方も新しくしていく。

中浦食品にとって、コロナで立ち止まっている暇はないようだ。

（食品スーパーマーケット）

株式会社みしまや

地元での信頼関係をひたむきに築きながら
あらゆる人が笑顔で集まれる
“場”としてのスーパーを目指す

松江市にある株式会社みしまやの東川津店

設立／1949（昭和24）年12月
事業内容／小売業（スーパーマーケット）
資本金／1000万円
従業員数／550人（パート含む）
サポートセンター（本部）／〒690-0056 島根県松江市雑賀町99
URL ／ https://www.mishimaya.com/

地域での信頼関係から生まれた、店頭に並ぶ数々のみしまやオリジナル商品

松江市に本社を置き、松江市内とその周辺の地域に、現在13店舗を展開している食品スーパーのみしまや。

１９１４年、パンと菓子の製造卸業として創業し、戦後、食品スーパーマーケットを松江市内に次々と開店し、市外にも進出、現在、地域の代表的な食品スーパーチェーンとなっている。

「いつも考えていることは、地域の生産者さまやメーカーさまとしっかり関係を築いて、信頼をベースに取り引きしていくことです」

現在、社長を務めているのが三島隆史氏だ。

1

2

3

1 地元の菓子店とのコラボ商品「ナチュラルジャム」
2 多くのお客さんでごった返す1950年代のみしまや
3 地元のスーパーとのコラボ商品「生姜飴」

みしまやの代表取締役社長・三島隆史氏

100年以上の歴史を持つ同社としては、地域での信頼関係は何よりも重要である。その認識を強調しつつ、信頼が生んだ具体的な成果をいくつか紹介してくれた。

松江市内、宍道湖に近い山陰自動車道松江西インター下に位置する田和山店は、みしまやの中でも店舗面積700坪を超える大型店である（取材は2021年10月、商品もその時点でのもの）。

青果売り場の一角にあるのが地産地消の野菜類のコーナー。広い通路の真ん中には、隠岐の島から直送されたニンジンやナス、レタスなどの「ムラーズファームの野菜」も並ぶ。地産地消はみしまやのこだわりの一つだが、農産物に限ったことではない。

「ムラーズファームの野菜」の裏側には、チューブに詰められた製品「めしどろぼう」がびっしりと陳列されている。出雲生姜を原料にしたおかずみそで、甘口納豆入りの第2弾も一緒に並べられている。その横には、ピンクとウグイス色のラベルが鮮やかに映える出雲醤油と出雲ドレッシングが陳列されている。その隣に置かれているのが、松江市産のデラウエアとプルーンを用いた「ナチュラルジャム」。野菜はもちろん地元産だが、加工食品もまた地元の素材を用いて地元のメーカーが作ったもの。特に、前記の加工食品はみしまやが積極的に関わって商品開発してきた。

これらはＰＢ（プライベート・ブランド）とひと口で呼んでもいい商品だが、そうひと口では言い表せないほど、開発までの経緯は意外性で溢れている。

それを説明するためには、若干、みしまやの歴史にさかのぼる必要がある。

お客さまへのクレーム対応から、モノを売る責任の重さを痛感

戦後すぐに食品スーパーマーケットを開店したみしまやは、その後も１９７９年4月には郊外型の食品スーパーの川津店を、１９８０年にはショッピングセンター型の春日店を出店するなど、いつも時代のニーズを先取りした店舗を出店し、業界の先端を走ってきた。

地元生姜農家のアイディアから生まれた商品「めしどろぼう」

当時の勢いを三島社長は、「春日店オープンのときはスクールメイツがやってきました。今でいう乃木坂46みたいなグループです。インパクトがありましたね」と語っている。春日店は、自動車による来店を想定して広い駐車場を備えていた。そこに舞台を設置して全国的に有名なアイドルグループを呼び開店を祝った。狙い通り、多くの人が詰めかけ、店は賑わった。

高度経済成長時代の華やかな一面だが、少年だった三島社長は、家で苦労する父親の姿も目にしている。

「父は、家では仕事のことは一切話しませんでした。しかし、時折、家にクレームの電話がかかってきて、それにすごく時間をかけて応えていたのを覚えています。これは大変な商売だなと思ったものです」

当時は個人情報保護という考えはなく、店の電話番号も社長宅の番号もすべて公開していた。直接、社長宅にまで入ってくるクレームに我慢強く対応する父親を見て、一般消費者を相手にする仕事の大変さを実感したという。

そう思いつつも三島社長は、子どもの頃から将来は「自分が店を継ぐ」ものとも信じていた。関西の大学へ進学し、卒業後に東京の卸に就職したときも、「小売りとメーカーの間に立つ卸で仕事ができ、どちらの立場もよくわかりました。いい経験になりました」と、小売りの仕事を意識していたと語っている。

2年ほど働いたあと、松江に戻り、みしまやで働き始めた。当時は、常務という肩書きだったが、それにこだわらずになんでもこなしたという。その一つがクレーム対応だった。

「社長も役員もいい意味でも悪い意味でもフットワークが軽かったですね。それに変な言い方ですが、当時は、クレーム対応が楽しかった。解決できればうれしくて、ほかの従業員が受けたクレームにも『行ってくるよ』と対応していたほどです」

戦後すぐにスーパーマーケットを出店したみしまや（写真は津田街道店）。
現在は島根県内に13店舗ある

だが、そう深くは考えていなかったという。

ある日の夜、本部に商品の品質に問題があるとクレームの電話が入った。いつものようにすぐに飛んでいき、頭を下げれば済むと思ったがそうではなかった。

「じゃあ返金しますと言ったところ、『そんなものじゃないだろう！』とものすごく怒られました。それで父親にそのことを話したところ、『その人、夕食はどうしたんだ？』と聞かれてはっとしました。お客さまは（品質の不良で）夕食どころではなくなってしまったのかもしれない。『では返金を』とそっけなく言われれば、それは腹が立ちますよね」（三島社長）

商品を販売する責任の重さを改めて知った。

社長になった現在、以前ほど個別のクレームへの対応はできなくなったが、それでもメールによるクレームはすべて自分で目を通し、担当者に割り振りするなどして解決を図っている。

顧客の声の貴重さを知り、3年ほど前から「お客さまの声」の集約も始めた。

店で働く従業員――社員はもちろんパート、アルバイトに至るまで全員が必ずメモを携え、顧客から聞いた「声」を記録して社内で共有する。月に集まる「声」は数百件に上る。クレーム、お叱りもあるが、お褒めの言葉もあり、従業員にとってはやりがいになっているという。

「道端に落ちている〝小石〟を拾っていく商売ですよね。でも、それを積み重ねていけば信頼もされていきます」（三島社長）

そしてその「小石」が成果にもつながっていった。

以前ならありえなかった競合スーパーともコラボして商品開発

冒頭で紹介した「ナチュラルジャム」は、実は顧客のクレームがきっかけで生まれた商品だ。みしまや総務部のマーケティングマネージャー、小西由美さんがその経過を説明してくれた。

「果物を担当していたバイヤーは、以前からイチゴ農家やブドウ農家の方から、過剰になった果物や規格外品を有効活用できないかと相談されていました。ある日、バイヤーは、クレームに対応するため、あるお客さまのお宅に伺ったのですが、そこはお菓子屋さんでした。かわいらしいジャムが並んでいるのを見て、この店で活用ができるのではないかとひらめいたんです」

こうしてできたのが、菓子店「ホームメイド焼き菓子ＭＩＫＡＮ」の「ナチュラルジャム」だ。人気商品となり、現在、イチゴ、ブドウ、イチジク、デラウエア、プルーンの5種類が揃っている。

冒頭で紹介した「めしどろぼう」も、みしまやオリジナルの開発品で、生姜農家の発案から生まれたという。

人気商品の「赤てんぱん」は、魚肉のすり身に赤唐辛子を練り合わせて作る浜田の名物「赤天」をパンに入れた商品。見た目は「あんぱん」だが、二つに割ると真っ赤な「赤天」が現れる。みしまや、神戸屋パン、角蒲鉾の3社で開発した。

地元の米田酒造とは、数点の商品を開発している。最初に作ったのが「飲むみりん七寶《しっぽう》」。通常1年熟成のところ、10年寝かせた濃厚な味わいのみりんで、その名の通り飲んでも、料理やデザートに使ってもよいという。

次に「熟成古酒　日と月（ひとつき）」を開発した。30年以上熟成させた酒で、口に含めば米の旨みが広がる。名は、万葉集の「一坏（ひとつき）」と熟成の歳月「日と月（ひとつき）」をかけてつけた。

意外な相手とのコラボレーションで生まれた商品もある。

「出雲の食品スーパー、ウシオ（店名はグッディー）さんと作ったのが『生姜飴』です。場所によっては競合しているんですが、取引先が一緒だったため作ろうということになりました」（三島社長）

これも生姜農家から「やってみないか」と誘われたもので、三島社長はドキドキしながら競合のウシオに声をかけたが、意外にも先方は乗り気ですぐに商品になった。

「ひと世代前なら、競合同士あまり交わることのない関係でしたが、今は時代が変わりました。

地元スーパーと共同開発した「生姜飴」のPOP広告

連携できるところは連携しようと。2社で作ればメリットはけっこうあるんですよね」（三島社長）

製造ロットを大きくできてコストダウンが図れるだけではない。競合スーパーも同じ商品を扱っていると思えば、店もそれを意識せざるをえず、売り場作りに力が入る。そのおかげか「生姜飴」はヒット商品となり、今では通常品と辛口、超辛口の3種類が揃った。ウシオとは、コラボの第2弾として「いづも寒天工房ぷるり・島根メロン」も開発し、好評を博している。

困ったときはお互い様。コロナ禍で苦しむ地元の飲食店に、スーパーの店頭スペースを無償提供

従来にはなかったコラボレーションも生み出されている。

2020年4月、新型コロナの世界的な蔓延で日本中がナーバスになっていた頃のこと。みしまやの従業員の中で感染者が出た、という噂が地域に広がった。デマだったが、翌週のみしまや全店の売り上げは激減し、トータルで4割減となった。

「お店の前に競合が出店したとしても、売り上げはせいぜい2割落ちるほど。それが4割減ですからね、しかも全店。これにはさすがに参りました。しかし『ウチでは感染者は出ていません』と発表すれば、感染した方を差別することになるのではないか。ですからその件については何もしないことにして、それよりは地元の飲食店さんがご苦労していることを知っていましたから、スーパーの前で出店しないかと提案したんです」（三島社長）

店前の休憩スペースなどを飲食店に無料で貸し出し、そこでテイクアウトのお弁当を販売したらどうかと提案したのだ。すぐに賛同を得られ、4月半ばから約ひと月半、みしまや田和山店や上の木店など大型店4店舗の前で、4～5店が昼と夜の時間限定でテイクアウトを展開することになった。入れ替わり立ち替わり参加した地元の飲食店は、延べ40店にのぼった。

地元の新聞やケーブルテレビなどが取り上げてくれたこともあり、飲食店の総売り上げは1300万円に。また、無料で場所を提供したみしまやの姿勢も評価され、こちらの売り上げも回復した。

飲食店から感謝されたことはもちろん、この取り組みから人気商品も生まれた。

店頭に出店した、ある飲食店が使っていた「ハレドレ」は、雲南市で育てた鶏の卵を使用したドレッシングで、みしまや店内で販売したところ、たちまち人気商品になった。現在も年間1万5000本が売れるロングセラーになっている。

一人で考えるより、みんなで考えたほうがいいアイディアが生まれる

「私が知らないうちにできた商品もたくさんあります。まるで〝自動的に〟出てきます（笑）。取引先から『ありがとうございました』と言われ、あわてて知っているふりをして話を合わせたこともあります（笑）。でもそれでいいんです」（三島社長）

社員が独自の判断で動いてくれるのがうれしい。たとえ失敗したとしても、必ず何かの形が残る。アイディアがあれば、各担当の裁量で自在に挑戦していける風土を大切にしたいという。

自由な発想と他社とのコラボで、今は「宅配」という新業態にも挑戦している。

介護食製造・販売のモルツウェル（松江市）ほか、地元のＮＰＯ、行政関係者ら６団体で「ごようきき三河屋プロジェクト」を立ち上げ、共同受注・共同宅配による「買い物弱者支援事業」を行うことにした。

みしまやでは、注文を受けた商品を、店で従業員がピックアップし、介護食を届けているモルツウェルの車両に乗せて各家庭にまで運んでもらう。

「（利用する方は）基本的にはモルツウェルさんのお客さまなので高齢者の方が多いですね。一度、車に同乗させてもらったことがあるのですが、この家では勝手にあがって台所のテーブルに置いておくとか、一軒一軒ルールがあって、配達する人は、それに従って細かく対応していました。高齢者の方の暮らし方が改めてわかりました」（三島社長）

家庭まで出向くことができれば、家事サービスなどニーズはまだまだ掘り起こせる。食品スーパーとしては店を増やし、地域の人たちに便利に買い物してもらうことは当然の役割だが、「そんな『待ち』のビジネスだけでなく、『出向いていく』ビジネスにも大きなチャンスがある」（三島社長）と気づいたという。

今後も、商品開発はもちろん、事業そのものも従来の枠にとらわれずに新しく作り出していきたい。

「食品スーパーで働く人は、多い店だと頭数は70人ほどにもなります。一人で店は開けられません し運営もできません。一人でできることはたかが知れているので、それよりは、みんなで考えたほうがいいアイディアがたくさん出てきます」（三島社長）

以前、広告代理店からイベントの企画を持ち込まれたとき、「なぜウチで？」と聞いたところ、「都会では人が集まるのは〝駅〟だが、田舎では〝スーパー〟だ」と言われ、納得した。人が集まり、新しいものが生まれていく。そんな店でありたい。

2022年5月、松江市内に新しく東川津店がオープンした。入り口からいきなり産直のコーナーが始まる異色なレイアウトだ。「生産者のみなさんをはじめ、メーカーさんや最近では飲食店さんなど接点が増えてきました。それを集約してしっかりとお客さまに伝えていきたい。そう考えて作った店です。新しいフォーマットとして今後のモデルにもなるでしょう」（三島社長）

地元で誇れる資源はまだまだある。それを見つけ、広く紹介していける存在でありたいという。

土木建設・漁業・畜産

飯古建設有限会社・有限会社隠岐潮風ファーム

インフラのみならず、
漁業・畜産などの一次産業も支え、
島の暮らしと価値を高める

隠岐潮風ファームの傾斜地で草を食む牛

設立／1960（昭和35）年5月
事業内容／土木建設業、定置網事業、畜産（隠岐潮風ファーム）
資本金／3000万円（飯古建設）
従業員数／49人（ほか、隠岐潮風ファーム16人）
所在地／〒684-0404 島根県隠岐郡海士町大字福井387番地2
URL ／ https://ama-ushi-sakana.com

すべては産業復興のため――島唯一の建設会社が、漁業と畜産業に参入

島根半島から日本海を北へ向かって約60キロ。四つの主要な島と180を超える小島からなる隠岐諸島。

本土に近い南側の島々は、島前と呼ばれるが、東に位置する島が中ノ島――海士町《あま》である。人口2300人ほどの小さな町だが、独特の取り組みにより、本土をはじめ海外からも移住者を迎え、活気に満ちたコミュニティーを作り出している（204ページ「特別インタビュー」も参照のこと）。

海士町で1960年に創業し、約60年、島内の道路建設をはじめ、港湾や防波堤の建設、災害時に崩れた崖の復旧と、島ではなくてはならない存在となっているのが飯古建設だ。

1 海士町にある飯古建設の本社
2 海士町漁協から運営を引き継いだ定置網事業
3 海士町には建設業を営む企業が1社しかないため、飯古建設はなくてはならない存在だ

「土木建設が本業ですが、最近の取材はもっぱら定置網と隠岐潮風ファームのことばかり（笑）。でも、町の役に立っているのですから胸を張らなければね」

苦笑いしながら語るのは、同社の飯古《はんこ》晴二《はるじ》社長。

飯古建設は、今では島で唯一の建設業を営む会社となった。離島の海士町に本社を構え、工事も島が中心であるため、必要な重機はもちろんコンクリートやアスファルトも島内の自社工場でまかなってきた。また、特殊な法面工事などを除いて、下請けを使わずに仕事をこなしてきたことも大きな特徴である。

そしてもう一つ、同社のここ数年のトピックといえば、やはり漁業と畜産業に参入し、奮闘してきたことだろう。

二つの湾で定置網を操業。試行錯誤を繰り返し、5年で黒字化

かつて島には四つの湾に定置網があり、地元の海士町漁協が運営していた。だが、赤字で操業が困難となり、二つを手放すことに。さらに、残りの豊田湾と崎湾にある定置網の運営をどうすべきか悩んでいたとき、手を差し伸べたのが飯古建設だった。１９９６年、定置網事業を引き継ぐことにした。

「最初の5年はいろいろ試行錯誤したそうです。船を新しくして、網も全部入れ替えて……。数

年経つと水揚げ量が急に増えました。1998年から2000年ぐらいのときでしたね。（漁獲高も）1億円を超えるようになり黒字になったんです」

飯古社長は当時の田仲社長の言葉をこう振り返る。

定置網とは、魚を捕るため、海の中に作った巨大な網の仕掛けのこと。沖合へ長く伸ばした道網によって回遊する魚を湾内へ導き、そこに作った巨大な網の空間へと誘い込む。魚がいったん中へ入ってしまうと、網の外へ出るのは難しい。魚が集まったところを見計らい、2艘の船で網を引き揚げて漁船に取り込む。

仕掛け全体の幅は500メートルを超え、道網の長さは1キロに及ぶ。

春には、マダイや沖メバルが、夏にはトビウオやアジが、また、秋になれば、ヒラマサや秋サバ、マグロ、冬には、カワハギ、カンブリ、メバル……と、さまざまな魚種が水揚げされる。

隠岐潮風ファームの代表取締役・飯古晴二《はるじ》氏

定置網の仕掛けは、海中に固定されているため、年月とともに網には海藻がからみつき汚れていく。そこで、事業を引き継ぐとともに設備を新しくしたところ、今までよりも魚が網に入るようになり、落ち込んでいた漁獲量も回復し始めた。が、そのあとは頭打ちになり、以後、上がったり下がったりの繰り返しだった。

魚の相場の乱高下にも悩まされた。大漁を喜んでも、その情報が行き渡り、市場に出荷する頃には相場が下がってしまう。

年を追うごとに、傷んでいく船や定置網の設備のメンテナンスの経費もかかるようになった。事業存続の危機を迎える中、まさに助け舟となったのが「CAS（キャス）凍結センター」だった。

2005年3月より操業が開始されたCAS凍結センターは、海士町との第三セクター「㈱ふるさと海士」が運営しており、海士町で捕れた海産物を最新の冷凍技術で加工することができる施設である。

CASとは、Cells Alive Systemの略で、海産物の細胞を振動させながら凍結させる技術のこと。細胞組織が保たれるため、とれたての鮮度のままで長期保存が可能になる。冷凍保存につきもののドリップ（液だれ）もない。

従来、定置網で捕れた魚はフェリーで境港の卸売市場へ運び、競りにかけていた。だが、本土とは距離があるため、運ぶ間に商品価値を落としてしまいがちだった。だが、捕れた魚を「CAS凍結センター」で冷凍保存しておけば、求められるときに求められたところへ出荷できる。鮮度は、とれたてと比べても遜色ないので商品価値を損なうことはない。相場の影響を受けず、安定した収入が得られるようになった。

島内の地元の飲食店や鮮魚店なども含め、売り先を選べるようになったことで、水産業につきものの不安定要素を一つ減らすことができた。

現在、同社の定置網事業部には９人の社員が携わっている。町の政策もあって島には島外からの移住者が増えているが、ここでも全員が「Ｉターン」だ。

「仕事の８割はメンテナンス。網に海藻がからまったり、微生物のようなものがついて目が詰まったり、ひと月に一度は網を揚げて洗ったり、網そのものを新しくしたり……。魚はきれいなところを好みますから」

定置網事業部で働く9人は、全員がIターン

こう定置網の仕事を説明するのは、飯古建設定置網事業部の副漁労長・笹鹿岳志さん。

前職は国語の教師。２０１２年に静岡から家族とともに海士町へ移り、ここで働くことにした。海の仕事は未経験だったものの、船の免許も取得し、今ではゴム製のサロペット姿がすっかり板に付いている。仕事はときには厳しいが、それでも自然の中で働くことが楽しいという。

２０２０年10月、飯古建設では、町の補助により24年ぶりに定置網をさらに一つ増やした。

当初は、道網が潮の流れでめくれ上がって、魚を導くはずの役割を果たせないなどトラブルに見舞われたが、原因を特定し、改良を重ねることで無事解決した。

そのかいあって漁獲量は再び増え始めている。

2021年度は、定置網に「ユビキタス魚探」を導入した。海底にセンサーを設置して、定置網に魚が入ってくる様子を見ることができる。魚の出入りや網に入っている魚の数をチェックしながら、網の準備や調整をしたり、水揚げのタイミングを計ることで、効率的な漁が可能になる。

ブランド牛「隠岐牛」の肥育も——隠岐潮風ファームで畜産

飯古建設がもう一つ挑んでいるのが畜産——隠岐のブランド牛・隠岐牛の肥育。

2004年3月に立ち上げた子会社の有限会社隠岐潮風ファームでは、現在、島の東部に3カ所の放牧場と牛舎を備え、約800頭の牛を飼っている。

放牧といっても、島に広い平地があるわけではない。起伏の激しい傾斜地のあちこちに、黒い隠岐牛が草を食んでいる姿を見ることができる。

「急な傾斜地を上ったり下りたりすることで身体が鍛えられ、丈夫に育ちます。放牧の間、仔牛は熱が出たり、下痢をしたりすることもありますが、そのたびに自己免疫を獲得していきます。病気にも強く、肉質もよくなります」

隠岐牛の特長をこう説明してくれるのは、隠岐潮風ファームで場長を務める安田勝さん。

隠岐潮風ファームでは、仔牛のうちは放牧し、やがて牛舎に移して計30カ月から36カ月育てて出荷する。

創業から3年、ここで肥育した牛を初めて東京の競りにかけたときには、いきなりキロ3000円の値がついた。牛肉としての最高ランクA5の中でもさらに最高級の質が認められた。みな涙を流して喜んだという。現在、育てている牛約800頭のうち、毎年、約200頭を出荷し続けている。

隠岐潮風ファームの場長・安田勝さん

飯古建設が隠岐牛の「肥育」に取り組んだことで、島全体にもその影響が及ぶようになった。

島を巡ると、あちこちの傾斜地に牛の姿を見ることができる。隠岐潮風ファームの牛とは別に、島の個々の農家が育てている牛だ。

島では、以前から繁殖農家がたくさん存在していた。メス牛に種付けをして生まれた仔牛を育てるのだが、わずかな土地があれば傾斜地でも柵を設け、数頭単位で牛を飼ってきた。

だが、島には肥育農家がいなかったため、島の繁殖農家は、仔牛を本土の食肉市場まで運び、競りにかける必要があった。本土から遠いことがハンデになり、買い叩かれることがしばしばだったという。また、仔牛はほかの土地の肥育農家で育てられ、隠岐とは無関係のほかのブランド牛として出荷されていた。せっかく質の高い牛を育てながら十分に活かしきれずにいたのだ。

飯古建設が「肥育」を始めたことで、この島で「繁殖」させ、この島で「肥育」した牛を、隠岐牛という地元のブランドとして売り出せるようになった。また、島の繁殖農家にとっては、隠岐潮風ファームという売り先ができたことで、仔牛の相場は上がり、買い叩かれるようなことはなくなった。

今では繁殖農家は立派に事業として成り立つようになり、飼う仔牛の数は目に見えて増えたという。隠岐牛を育てたいと、わざわざほかの地域からここへ移り住み、繁殖農家を始めた人たちもいる。

木材チップを活用した堆肥作りで評価を高めたリサイクル事業

飯古建設の畜産業への参入は、意外な面でも島に貢献している。

「1993年からリサイクルプラントを始めました。最初はアスファルトとコンクリートを扱っていましたが、やがて木材を扱うことになったとき、それをどうすればリサイクルになるのか悩んだんです」（飯古社長）

廃材のコンクリートやアスファルト片は、砕いて新しいコンクリートやアスファルトに混ぜれば再生は難しくない。

問題は木材だった。特に生木の処理には悩んでいた。それまでは焼却していたが、それではリサイクルとは呼べない。

そこで２００４年、隠岐潮風ファームを立ち上げるとともに、その牛舎の床に、リサイクルプラントで細かく砕いた木材のチップを敷き詰めることにした。牛の糞尿と混ざり合い、良質の肥料ができる。

それを地元の農家に譲り、農家からは秋になって稲刈りを終え、残ったワラを受け取る。それを保管して牛のエサにする。島内のリサイクルが成立するようになった。物々交換だが、これが本来のリサイクルのあり方だと高く評価されているという。

今まで焼却していた木材は細かく砕き、牛の糞尿と混ぜ、肥料として再利用している

牛のエサはそれだけでは足りないため、飯古建設では、島に10ヘクタールほどある休耕田を使って、牧草の栽培もしている。

休耕田は放っておけば雑草が生い茂り樹木も生えてくる。根を取り除くのはひと苦労だが、そこは土木工事を本業とする飯古建設だ。休耕田に重機を持ち込み、あっという間に土地を耕すことができた。

2代目社長の「10億円は町のために」の言葉を胸に刻み、地域を守り立てる

「私がまだ専務だった頃、当時の田仲寿夫社長に呼ばれ、こう言われました。『晴二よ。俺はお前の親父に何を言われようが、お前に文句言われようが、この10億円は町のために使う』。私は何を言われているのかわからず『ハイ、どうぞ』と答えるだけで精一杯でした。あとからその決意の怖さがよくわかったんですが……（笑）」

飯古建設の創業者は、現・飯古社長の父親である。1994年、2代目として就任したのが田仲社長。創業者とは血縁がなかったため、勝手なことはできないと思ったのだろう。将来、社長になる専務（現・飯古社長）に向かい、「土木建設で稼いだ10億円を町のために使う」と、自分の決意を語った。

使い途は一次産業、これまで紹介してきた漁業と畜産業だ。

2000年当時、飯古建設の売り上げは約18億円だったが、小泉政権による公共事業の削減で2003年には半分以下の8億円に減ってしまった。建設業では活路は開けない。また、自社だけを見ていてもいけない。島全体の産業をなんとかしなければ。

異業種に参入して会社を建て直すとともに、地域の産業全体を守り立てていかねばならない。当時の田仲社長はそう心に決め、未知の世界へと踏み込んでいった。

当時専務だった飯古社長は、自分が社長になった今、その決断の重さをひしひしと感じているという。

「高齢化や過疎化にどう立ち向かっていけばいいのか。自分のところの建設業だけが儲かればそれでいいわけではない。（地元の主要産業である）一次産業と一緒にやっていく。当時の田仲社長の決意はよくわかりますが、苦労するだろうなと思いましたね。現に今苦労していますよ（笑）」（飯古社長）

隠岐潮風ファームが育てた牛は高く評価され、「隠岐牛」のブランドを確立することができた。仔牛の相場は上がり、地元の「繁殖農家」もよみがえった。新規参入者もいる。だが、仔牛の相場が上がれば、肥育を担う隠岐潮風ファームの負担は重くなる。バランスは難しい。定置網事業もやっと形になってきた。

本当の戦いはこれからといえる。

「島の将来がかかっている以上、やめるわけにはいきません。しばらくは新しいことは始めずに、とにかくこの二つの事業の土台を固めることに専念します」

飯古社長は豪快に笑いながらも、自らに言い聞かせるように決意を語ってくれた。

特別インタビュー

「奇跡の島」隠岐郡海士町　町長　大江和彦氏

商品開発、CAS導入、教育改革……、大胆な手法と人財育成で復興を実現

人口減で存亡の危機にさらされながらも、島の魅力を磨き、「よそ者」を積極的に登用することで大胆な改革を実行、「移住者」増加を実現している隠岐郡海士町。「大人の島留学」「半官半X《エックス》」……、現在も改革は継続中だ。

大江和彦（おおえ・かずひこ）
1959年、海士町生まれ、海士町育ち。島根県立隠岐島前高校を卒業後、大阪の専門学校で建築を学び、民間企業を経て、海士町役場に入庁。2018年、海士町長に就任。

自ら給料をカット――改革は前代未聞の〝覚悟〟から始まった

192ページ「隠岐潮風ファーム（飯古建設）」では、同社が一次産業に乗り出し、島に大きく貢献してきた模様を伝えたが、舞台となった海士町では、島全体でも目を見張る改革が進んでいる。

本土から約60キロ北、日本海沖の隠岐諸島の一つ、中ノ島――海士町は、豊富な海産物に恵まれ、島民は半農半漁の生活を営んでいた。だが、高齢化、過疎化はここでも深刻で、戦後7000人ほどだった人口は60年間で2300人にまで減少。このままでは島から人はいなくなってしまう――そんな強い危機感から、町主導による大胆な改革が始まったのが2000年代初めのことである。

「大きなきっかけが2002（平成14）年に全国で進められた市町村合併です。島前の三つの島（海士町、西ノ島町、知夫村）でも合併が検討されましたが、本土と離島で条件は全然異なる。当時の山内（道雄）町長に一任すると、合併せず〝自主自立の道〟を選ぶことになりました。町の借金はすでに100億円超に。守りと攻めが同時に始まりました」

海士町の町長、大江和彦氏は、当時から海士町の幹部職員として改革に関わってきた。

山内前町長が掲げたのが、「役場は『住民総合サービス株式会社』」。町長は社長、管理職職員は取締役、職員は社員。税金を納めサービスを受ける「お客さま」の住民に貢献しなければならない。そして町長自ら給与の大幅カットを申し出た。

「これまでの町政の積み重ねで100億円もの借金ができた。町長一人に背負わせるべきではない。そこで幹部職員全員もまた自ら給与カットを申し出ました」（大江町長）

覚悟は一般職員をも突き動かし、町長を筆頭に、助役、議員、教育委員、幹部職員、一般職員まで給与カットをすることにした。「とんでもない」と労組幹部が本土から飛んできたが、決意は固かった。「すべては島を救おうという郷土愛からだった」と大江町長は振り返っている。削減された人件費は年間約2億円にのぼった。

商品開発、CAS凍結センター稼働、始まった「攻め」の施策

支出カット――「守り」を徹底する一方、「攻め」として積極的に進められたのが「外貨獲得」の施策。島外からお金をいかに取ってくるか。知恵を絞って出てきた案が、海士町オリジナルの商品開発だった。第1号「〝島じゃ常識〟サザエカレー」は大ヒット商品となった。海士町ではカレーの具は「肉」ではなく「サザエ」を入れることが「当たり前」だったが、ほかの土地では珍しく、それが価値になると気づいたのだ。

サザエで注目が集まるのならばと、続いて、島で水揚げされる海産物に着目した。それらは本土まで運ぶ間に鮮度が落ち、安い値段で買い叩かれていた。鮮度を保つ手段として、町は

２００５年に５億円を投じて「ＣＡＳ凍結センター」を建設。細胞組織を壊すことなく急速冷凍させる技術で、とれたての鮮度をそのまま保つことができる。全国流通が可能になったことと年中安定供給できるようになったことで、すでにブランド化が進められてきた海士町の岩牡蠣「春香」のさらなる高付加価値化にもつながった。

「ＣＡＳ凍結センター」設立当初から関わっていた町の職員、濱中香理さん（現在は人づくり特命担当課長）は、飲食チェーンへの海産物の直接販売を実現したが、その難しさも実感した。「いきなり欠品して土下座したこともあります（笑）。１～２年分はストックする必要がある。そのため、島だけでなく境港にも冷凍庫を借りて貯蔵することにしました」

島の海産物については、次のようなエピソー

後鳥羽上皇御火葬塚。承久の乱により隠岐へ配流され、延応元（1239）年に崩御した後鳥羽上皇を、里人が火葬した場所といわれている

1939年（昭和14）年に創建された隠岐神社。後鳥羽上皇が祀られており、本殿には隠岐造りと呼ばれる建築様式が用いられている

ドも大江町長は語っている。
「一橋大学商学部の関満博教授（当時）は、毎年ゼミ生を連れて島にやってきていました。その中の一人、宮崎（雅也）さんが卒業後に島にやってきて、漁業をやると言い出したんです。親は反対、受け入れ先の漁師の親方も反対。でも彼は諦めなかった」（大江町長）
宮崎さんが着目したのがナマコ。海士町のナマコは本土の境港へ出荷されていたが、運送費がかかるだけでなく、漁協、市場から手数料が徴収され、利益を出すのに苦しんでいた。そこで宮崎さんは、「乾燥ナマコ」に加工して中国へ輸出するという案を打ち出した。だが、事業に不可欠な加工工場を建てる資金がない。一時、断念しかけたものの、山内前町長が建設のための7000万円の予算案を議会に提出した。借金をさらに増やすのか――。当初、議員は

2021年7月にオープンした日本初のジオホテル「Entô（エントウ）」。客室の大窓からは、隠岐の雄大な自然を臨むことができる

中ノ島の北東部にある明屋海岸。島の女神がお産をしたという神話の地。夏は、海水浴やキャンプなどを楽しむことができる

全員反対だったが、前町長が輸出で〝外貨〟が入れば、加工する人たちの所得も、ナマコを捕獲する生産者の所得も上がり、子供たちに島へ帰ってこいよと言えるようになる。そう説得し、全会一致で議案を通した。

そうして加工工場は実現した。

水産業については、ほかにも飯古建設が漁協の定置網漁を引き継ぎ、再生を図っている。また、同社は牛の「肥育」にも乗り出し、海士町のブランド「隠岐牛」を確立した。それらの模様については、「隠岐潮風ファーム（飯古建設）」で詳しく触れている。

「よそ者」の力を活用、統廃合の危機に遭った高校も生徒数はV字回復

「町の埋もれた宝は、ここで生まれ育った人間には〝当たり前〟過ぎてわかりません。外部の人のほうがよく見える。町づくりは、身内ばかりでなく、外から〝違った血〟を入れたほうが発想は面白くなるし、成果も上がります」（大江町長）

「乾燥ナマコ」の例からもわかるように、積極的に外から人材を迎え入れていることも海士町の大きな特徴だ。それは教育改革という成果も生み出した。

２００８年春、島根県立隠岐島前高等学校は統廃合の危機に瀕していた。生徒数の減少が止ま

らず入学者数が28人になってしまったのだ。「もし廃校になれば本土の高校へ行かねばならず、金銭的な負担から、いっそのこと家族みなで島を出ていこう、そう考える家庭も出てくるでしょう。影響は計り知れません」(大江町長)

そんな状況を挽回し、生徒数のV字回復を果たしたのが「隠岐島前高校魅力化プロジェクト」だった。コーディネーターとして先導したのが、東京で生まれ、ソニーに勤めていた岩本悠さんだ。「よそ者」として改革を進めた。

内容は多岐にわたるが、代表的なのは他地域から生徒を呼び寄せる「島留学」だろう。

少人数指導で難関大学に進学できる「特別進学コース」や、地域づくりを担うリーダー育成を目指す「地域創造コース」を新設し、「人口減少」「超少子高齢化」「財政難」など、日本全体の課題を扱う問題解決型の授業を採り入れた。ユニークな取り組みは全国的に注目され、全国各地からはもちろん、海外からも生徒が集まるようになった。

「大人の島留学」から新たな企画も生まれて

現在の大江町長のもとで、改革はさらに進化を遂げている。

現在、海士町では「大人の島留学」「島体験」「複業島留学」など、大学生や社会人を対象にした多彩な企画が動いている。そこでも注目すべき〝人〟が登場している。

「大人の島留学」で海士町に滞在していた大学生（２０２１年夏取材時）の刑部《ぎょうぶ》湖香《このか》さんが企画したのが、海士町の地域通貨「ハーン」の電子化。

兵庫県出身の刑部さんは島前高校へ「島留学」し、卒業後は九州の大学へ進学したが、そこで学んだ地域通貨を「実際の場」で応用したいと、再び海士町へ戻ってきた。

地域通貨の特性を活かして使う人と受け取る店などの関係がわかるようにして、「感謝」を伝えられる仕組みができないか。地域通貨は、換金の手間がかかるなどなかなか普及が難しいが、刑部さんは「電子化」で問題が解決できると気がついた。

「便利になるだけでなく、彼女が着目したのは、『電子化』で、使う人と受け取る人との関係が『見える化』できることでした。それによって

海士町にあるコミュニティースペース「あまマーレ」。以前、保育園だった建物を改装し、誰もがいつでも自由な使い方ができる。調理室や勉強部屋、器や家具などのリサイクル品販売スペースなどもある

地域のコミュニケーションが高まっていく。刑部さんがシステムを導入したいと東京の金融機関に連絡を取ると、先方も興味を持ち本当に『電子化』が実現したんです」（大江町長）

２０２１年11月から、海士町とみずほ銀行、山陰合同銀行による「デジタル商品券」の実証実験が始まった。これは、地域通貨に先駆けて、期間限定の「デジタル商品券」で効果を測ろうという試み。２０２２年４月からは、地域通貨「ハーン」そのものの電子化の動きも始まっている。

公務員なら外へ出ろ――「半官半X《エックス》」

現在、大江町長が進めているのが、役場職員の「半官半X」だ。

職員は庁舎を飛び出し、農業、漁業、林業、観光、医療、福祉、教育、ＩＴ、芸術……地域の現場に足を運び、町民とともに汗を流せ。町民と語り合い、管轄にこだわらずに地域が抱えるすべての課題に当事者意識を持て。そして解決する姿勢と能力を身につけよという施策だ。

２０２１年春には「半官半X特命担当課長」を配置し、「外貨創出」「人づくり」とともに、三つの課で３人の特命担当課長が動いている。現在は、誰もが島の担い手になれるよう、島内外の交流を促す「還流おこしプロジェクト」が進められている。

２００４年から２０２０年までの間に海士町へ移住した人は７７９人（５５８世帯）、定着率は46％、人口の１割以上を移住者が占めるまでになった。

「あの島に行けば、面白いことができる。海士町ならば挑戦の土俵がある。みなさんにそう受け止めてもらったんだと思います。移住者が移住者を呼び、島ではどんどんチャレンジする空気が強まっています。行政としてもしっかりと支えていきます」と大江町長。

若者が活躍できる場を作り、人で溢れかえる海士町を築いていきたい。大江町長はそう語っている。

巻末コラム　石見に古くから伝わる伝統芸能

地域に長らく愛されつつ、世界も注目する 石見神楽《いわみかぐら》の魅力

厳粛な「神事」の一面を保ちつつ、大衆文化として子どもからお年寄りまで広く愛されている「石見神楽」。130を超える団体が趣向を凝らした舞台を続け、全国、世界でも知られるようになった。

軽快なお囃子《はやし》とともに面ときらびやかな衣裳をまとった舞手が激しく舞う――島根県の中央から西部、石見《いわみ》地方で古くから伝わる「石見神楽」。

一説では室町時代から続いてきたといわれる収穫期に五穀豊穣を感謝する「神事」であり、その趣旨は現在も「大元《おおもと》神楽」として受け継がれ、各地の氏神社で、田畑での収穫を終えた晩秋、夜を徹して厳粛に行われている。

一方、一般に「石見神楽」として知られるのはより娯楽性の強いもので、写真の「大蛇《おろち》」や「恵比須」ほか、天照大御神《あまてらすおおみかみ》の岩戸隠れを扱った「岩戸」など、演目は神話以外の題材も含め30に及ぶ。

神々や鬼たちが金糸銀糸を用いたきらびやかな舞衣《まいぎぬ》とともに登場し、軽快、かつ、激しく舞う様は、子どもからお年寄りにまで人気の的だ。

年に一度、各団体が一堂に介する「神楽大会」も石見各地で行われ、そこでは趣向を凝らした舞や演出を楽しむことができる。県外や海外からの公演依頼を受けることも多くなった。

面や蛇胴、それらの素材である石州和紙をはじめ、衣

石見神楽を全国的に有名にしたのが、日本万国博覧会（1970年大阪）での「大蛇（おろち）」の上演。8頭以上の「大蛇」が観客を圧倒し、以後、全国、海外で公演されるようになった。

裳や刀や扇などの道具、舞台装置の製作も各地の伝統産業として受け継がれてきた。
　神楽とそれを支えてきた地域の活動は、「文化・伝統・風習について語るストーリー」として2019（令和元）年、「日本遺産」に認定されている。

美保神社の御祭神であり、七福神の一人、福をもたらす神として全国的に知られる「恵比須」様も、石見神楽の代表的な演目。結婚式など祝いの場で舞われることも多い。

おわりに

今回出版する『島根の注目30社』、そして平成30年に出版した『鳥取の注目15社』の取材を通して、島根・鳥取の山陰地域には、多くの魅力的な企業があることを改めて認識しました。足元の市場規模など、必ずしもいい環境とはいえない中、独自のノウハウやユニークな発想により、ビジネスを展開している企業が多くあると思います。

「生き残る『種《しゅ》』とは、最も強いものではない。最も知的なものでもない。それは、変化に最もよく適応したものである」。イギリスの自然科学者チャールズ・ダーウィンの有名な言葉です。日本は、戦後驚異的な復興を遂げ、高度経済成長を経て世界でも有数の経済大国へと昇り詰め、「昭和の奇跡」ともいうべき発展を遂げました。しかし、バブル崩壊後、平成の30年間でその様相は大きく変化していきました。肥大化した組織の中からは、新たなイノベーションが起こらず、多くの大企業は環境の変化に対応できず、経営が行き詰まり、倒産や外国資本による買収などの末路をたどっています。

そのような中、若者たちにも、変化の兆しが出てきています。Z世代、ゆとり世代、さとり世代と称される若者たちのように、組織に縛られず自分の人生は自分で切り開いていくのだという人たちが増えてきています。ＩＴ技術の進展やＤＸの浸透により、地方と都会、地方と世界との時間的、精神的な距離が縮まってきています。都会にいながら地方と関わる。また、地方にいながら世界と関わる。まさに、地方の時代が始まっているのです。

この本を手にしていただいた若いみなさまに伝えたいことは、「地域にもたくさんのチャンスがある」ことです。是非、あなたの「力」を地域のために役立ててみてください。みなさまの「夢を叶える場」がそこにあるはずです。

そして、この本を手にしていただいた親世代のみなさまにお願いしたいことがあります。島根県丸山達也知事が『島根の「人を思いやる県民性」で自分の考えを子供に押し付けたくない』と言っておられます。自分たちは、「長男だから」、「長女だから」と言われ地元に帰ることを強要された経験があるかもしれません。だから自分たちの子供には「帰ってこなくていいよ！」と言ってしまうのはいかがなものでしょうか？　本当に「帰ってこない」ことが、彼ら、彼女らの幸せにつながるのでしょうか？

そのようなみなさまの気持ちもよくわかりますが、ぜひこれからは「帰ってきていいんだよ！　地域にもいい会社がたくさんあるよ！」と伝えてみてください。決して押し付けているわけではありません、大体そんなに親の言うことを聞く子ばかりではありません。あなたの言葉を受けて子供たちが「選択」するのです。

この本をきっかけに「ふるさと」を生活の場として選択する若者が増えることを願っております。

最後になりましたが、本書並びに『鳥取の注目15社』の出版にあたり、ダイヤモンド社今給黎健一局長、編集者の古村龍也さん、山本明文さんほか、多くの方々にご協力をいただきましたことをこの場を借りて御礼申し上げます。

2023年4月

遠藤 彰（えんどう・あきら）

株式会社BEANS 代表取締役CEO。鳥取県米子市出身。1988年明治大学商学部卒業。1996年中小企業診断士 経済産業省登録。2010年金融機関から独立し、コンサルティング会社coaching office BEANS 創業。地元金融機関に22年間勤務、支店長を経て退職後独立。コーチングコミュニケーションをベースにP.F.ドラッカーの「経営管理手法」とA.アドラーの「個人心理学」を融合させた「対話型人財育成」で企業の経営サポートをしている。2013年より次世代リーダー育成のための異業種交流型勉強会『豆塾』を主宰し、500人以上の経営管理者を地域に輩出している。また、金融機関時代から関わっている喜八プロジェクトやDARAZ FM 、源流どぶろく上代などの地域活性化プロジェクトのコーディネートを続けている。

一般社団法人鳥取県中小企業診断士協会　代表理事　会長
特定非営利活動法人喜八プロジェクト　理事長
株式会社DARAZコミュニティ放送 取締役 経営企画室長
株式会社上代　取締役　経営企画室長
鳥取大学医学部 非常勤講師
国際コーチ連盟プロフェッショナル認定コーチ
一般財団法人生涯学習開発財団 認定マスターコーチ
一般財団法人生涯学習開発財団 認定ワークショップデザイナー

著書等　『鳥取の注目15社』（ダイヤモンド社）、『大山・出雲e-共和国』（今井出版）、『やる気を引き出すマネジメント』（全国信用金庫協会，雑誌『信用金庫』連載）

※本書に掲載されている情報は、取材当時のものです。
現在とデータが異なる場合もありますのでご了承ください。

「ご縁の国」の絆で、“今”そして“未来”を変える挑戦
下の句編　島根の注目30社

2023年5月16日　第1刷発行

著　者――遠藤 彰
発行所――ダイヤモンド社
〒150-8409　東京都渋谷区神宮前6-12-17
https://www.diamond.co.jp/
電話／03･5778･7235（編集）　03･5778･7240（販売）
装丁――――有限会社北路社
執筆協力――山本明文
編集協力――古村龍也（Cre-Sea）
校正――――阿部千恵子
制作進行――ダイヤモンド・グラフィック社
印刷――――加藤文明社
製本――――ブックアート
編集担当――今給黎健一

ISBN 978-4-478-11791-0